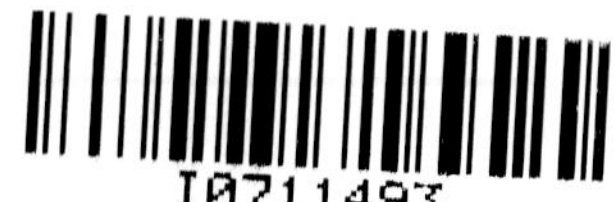
I0711493

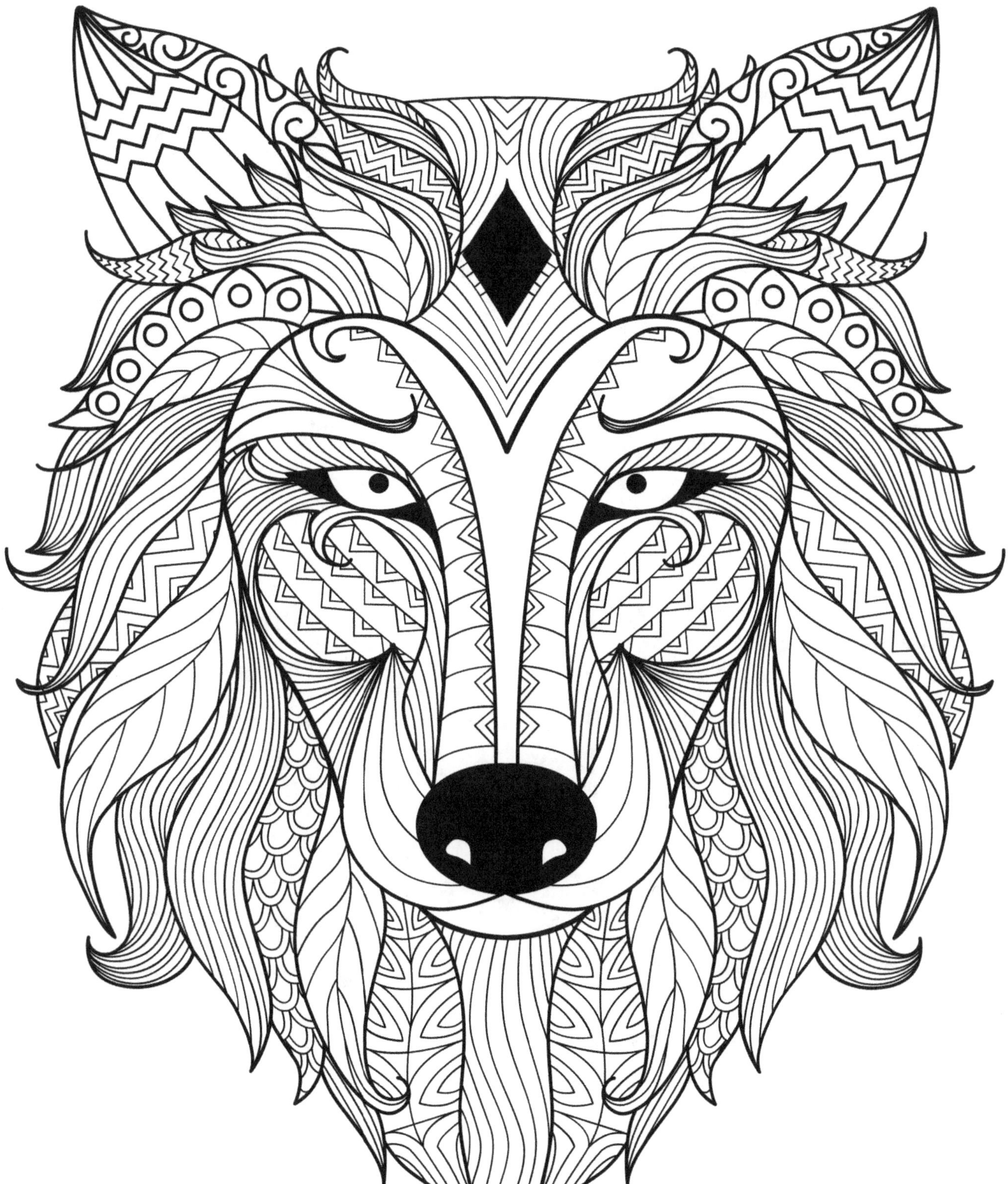

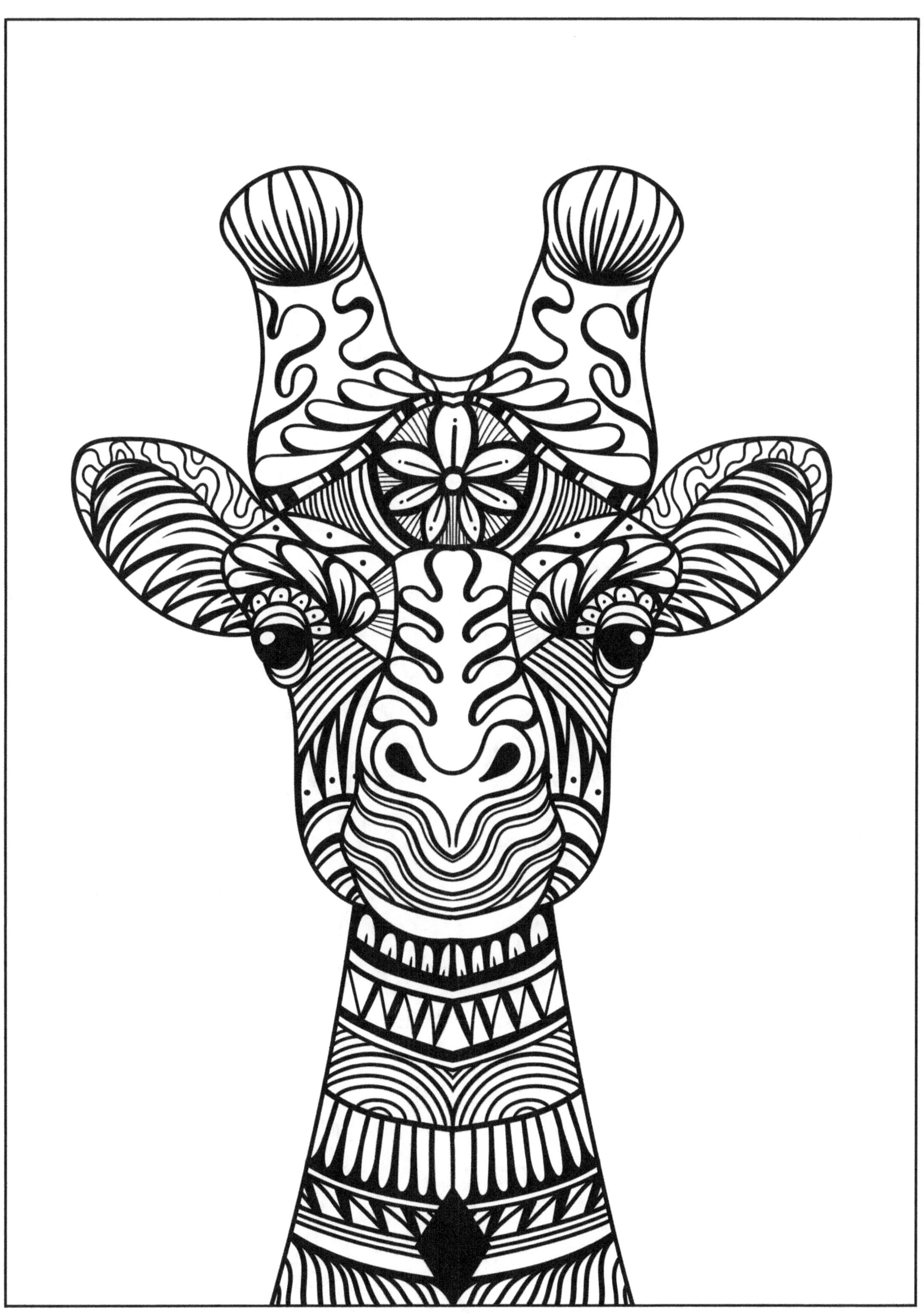

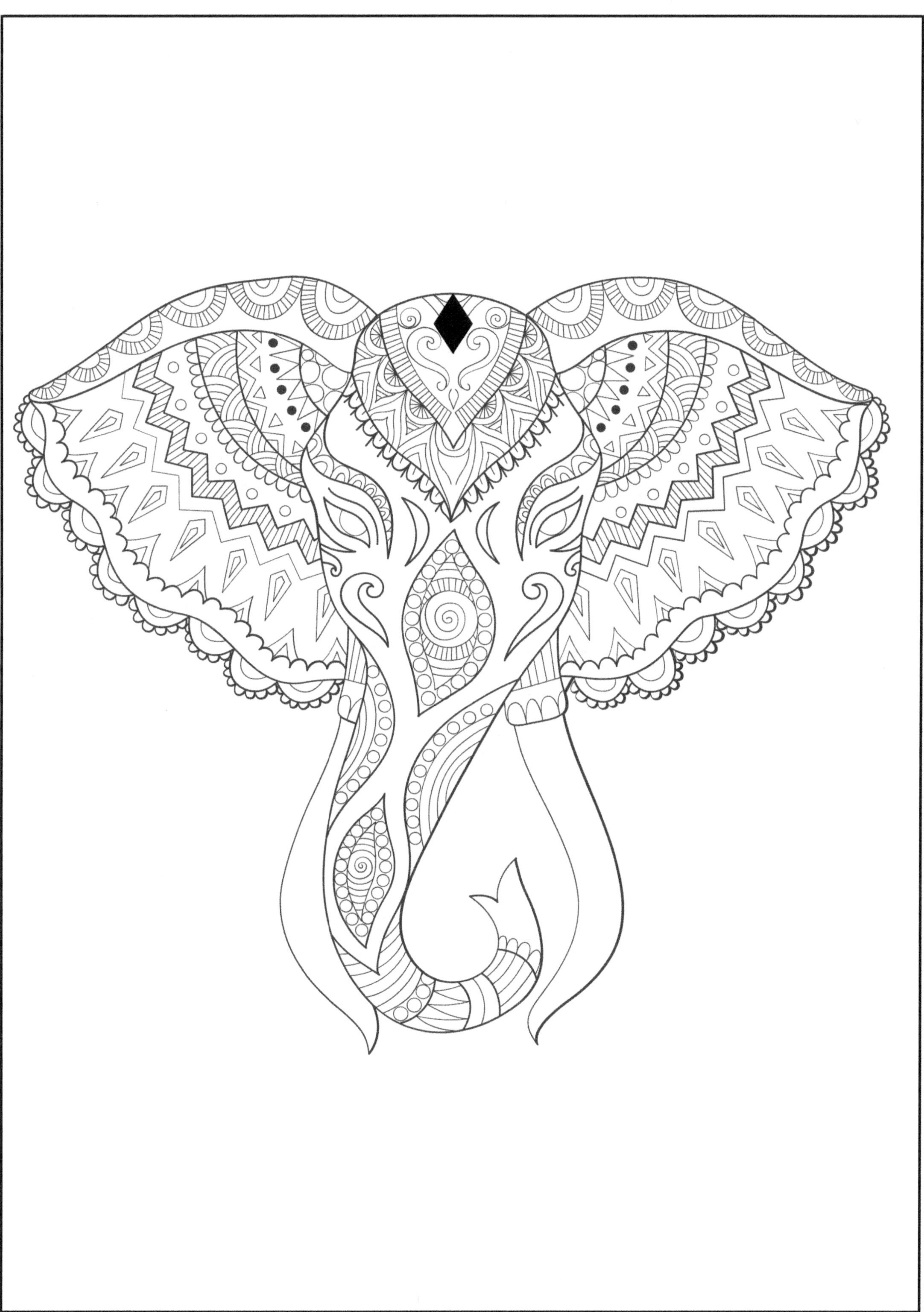

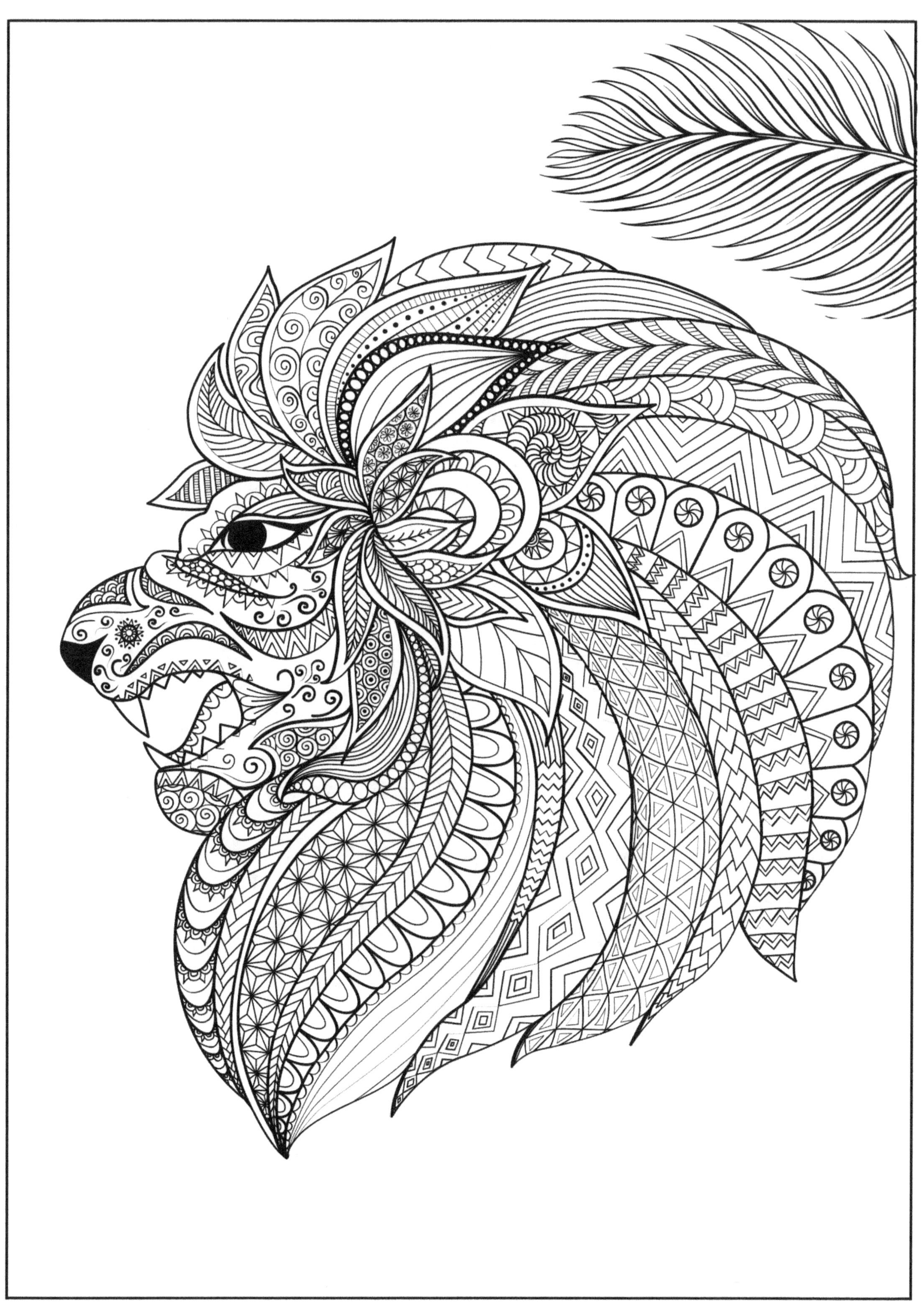

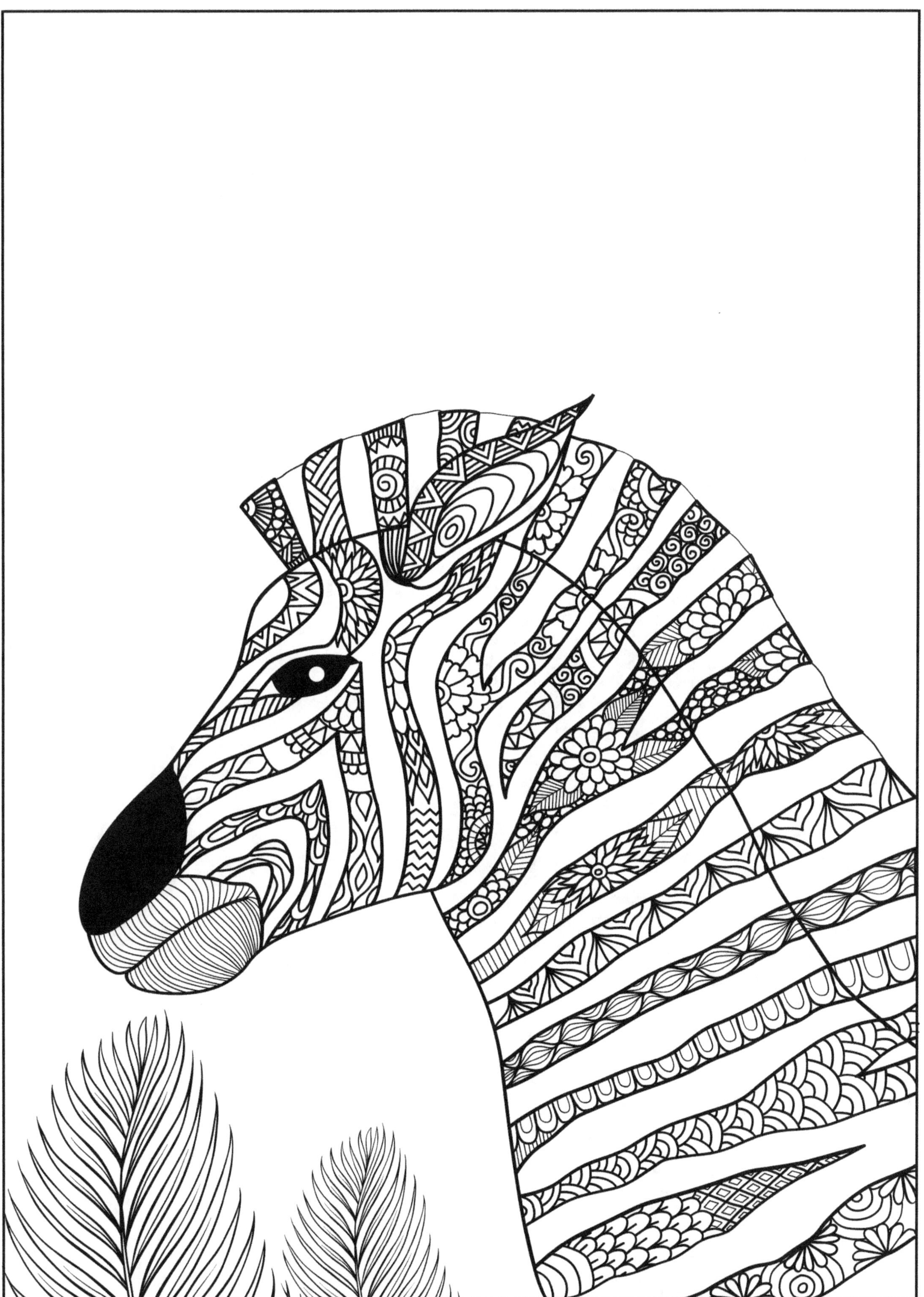

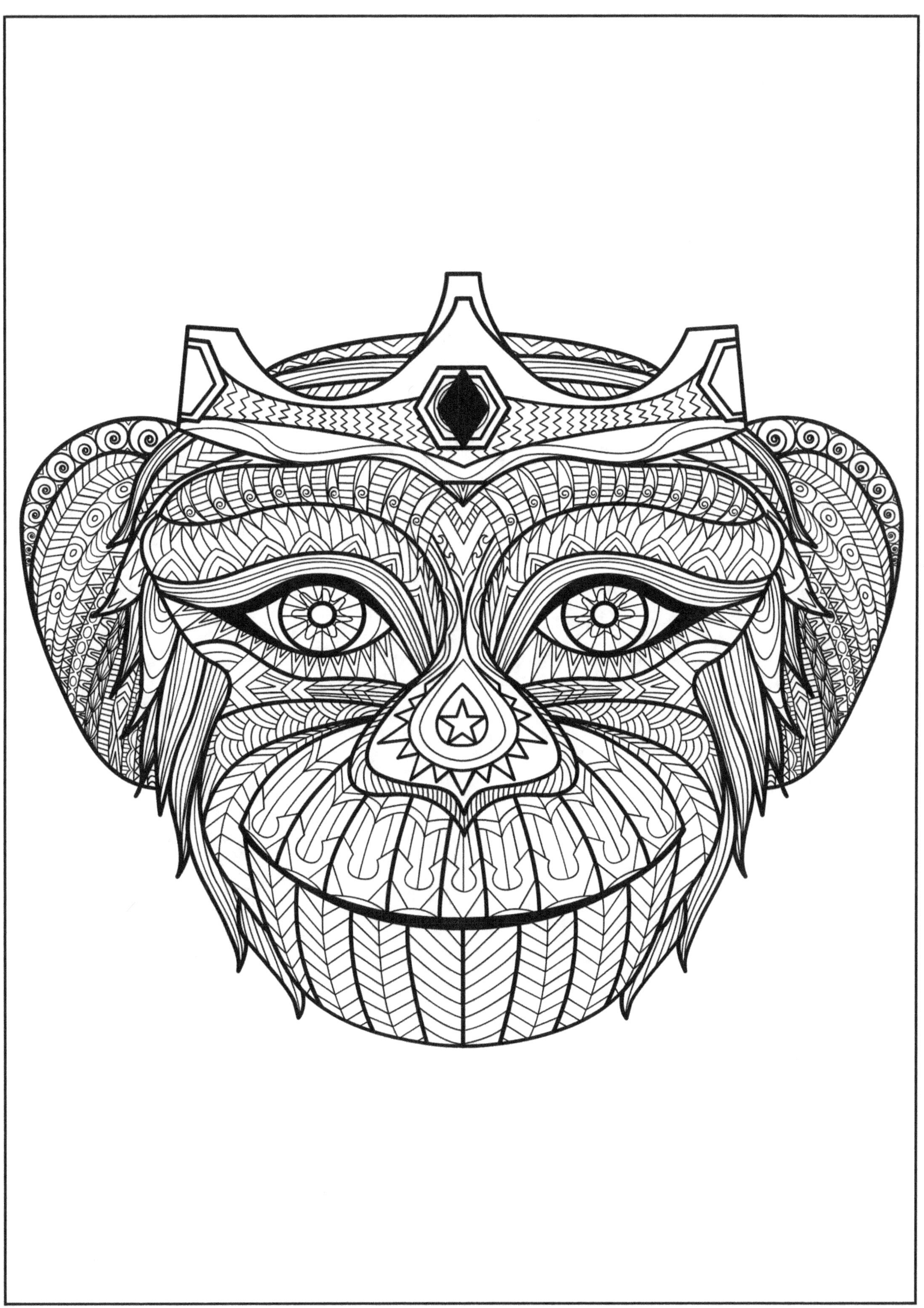

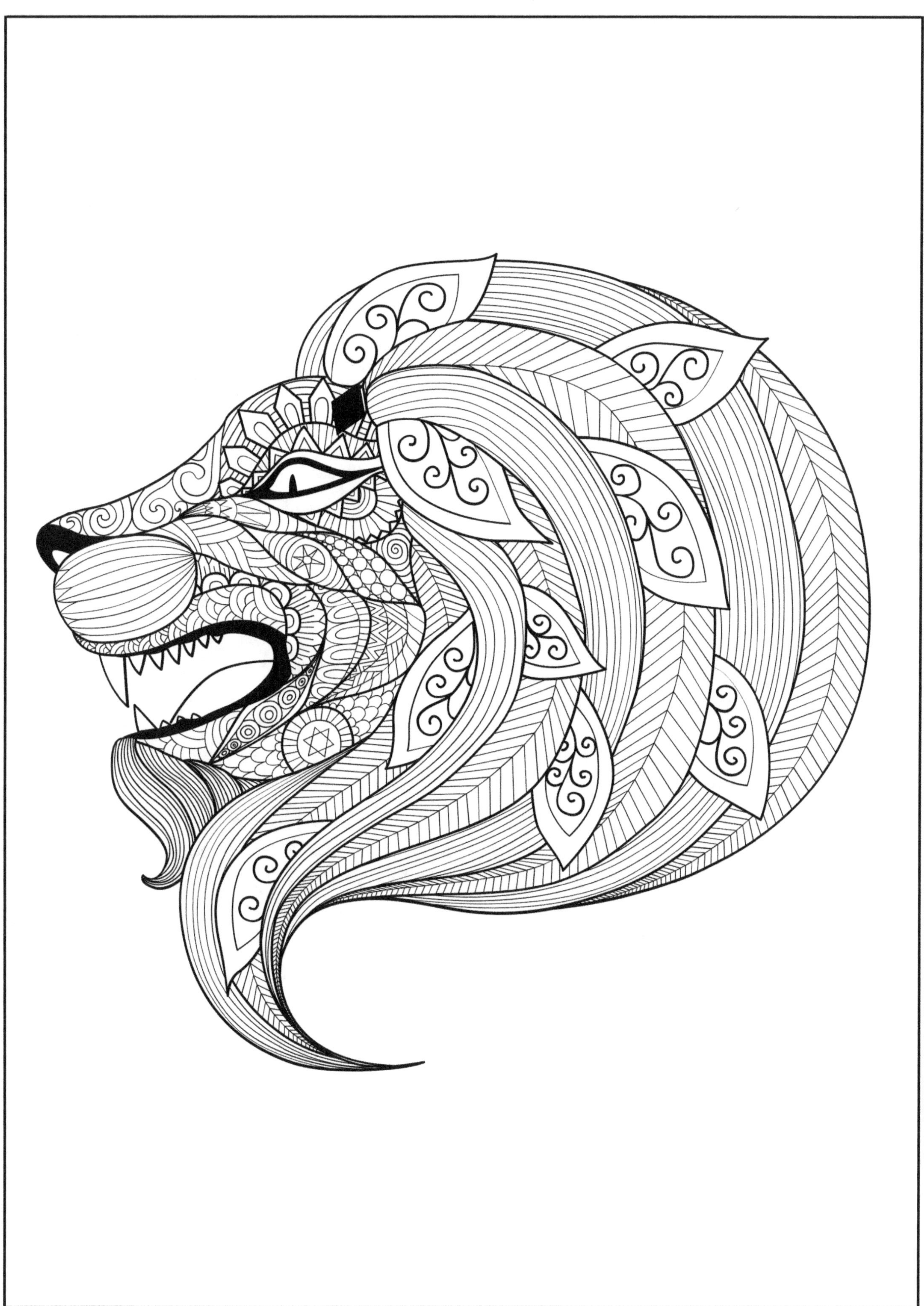

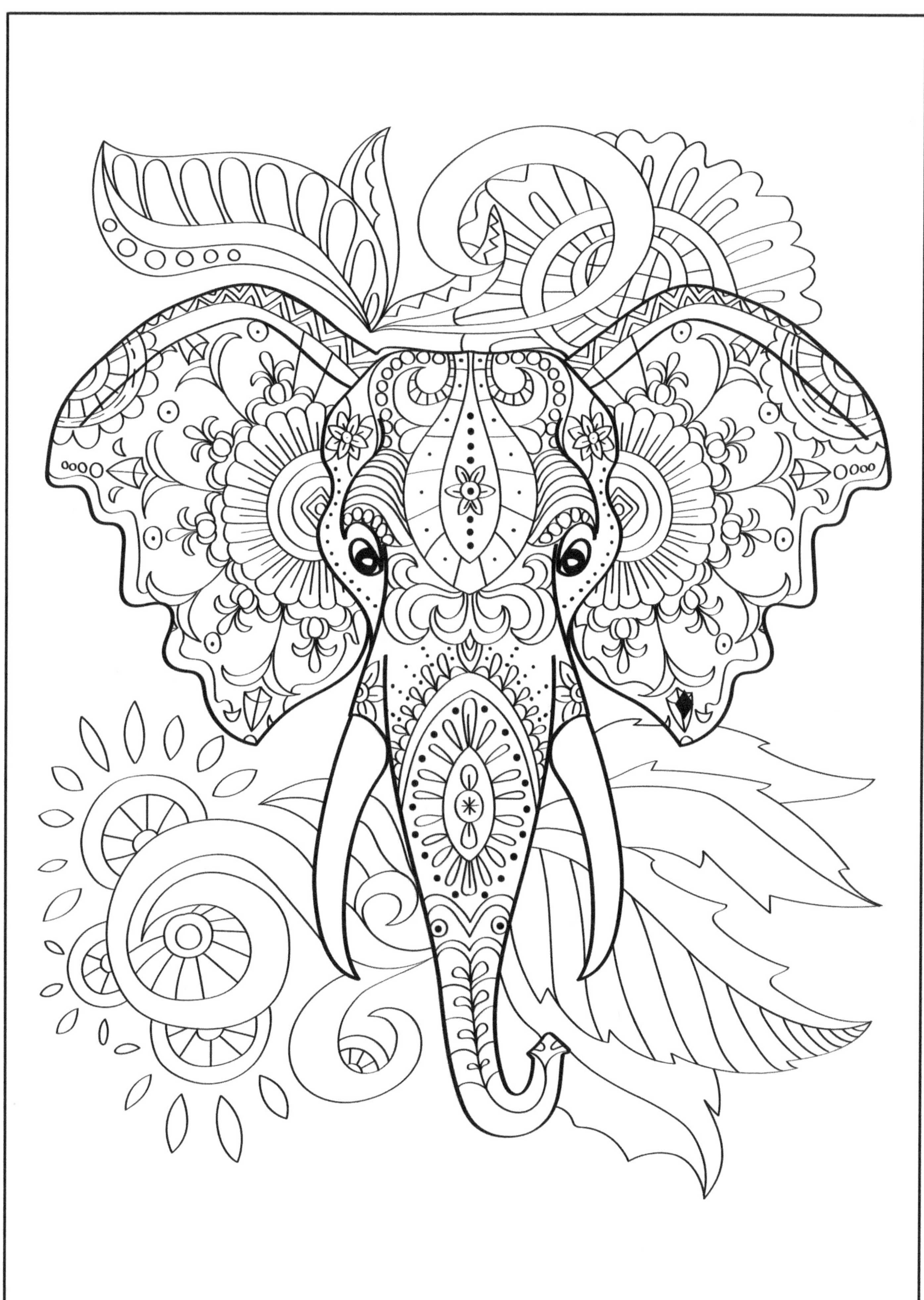

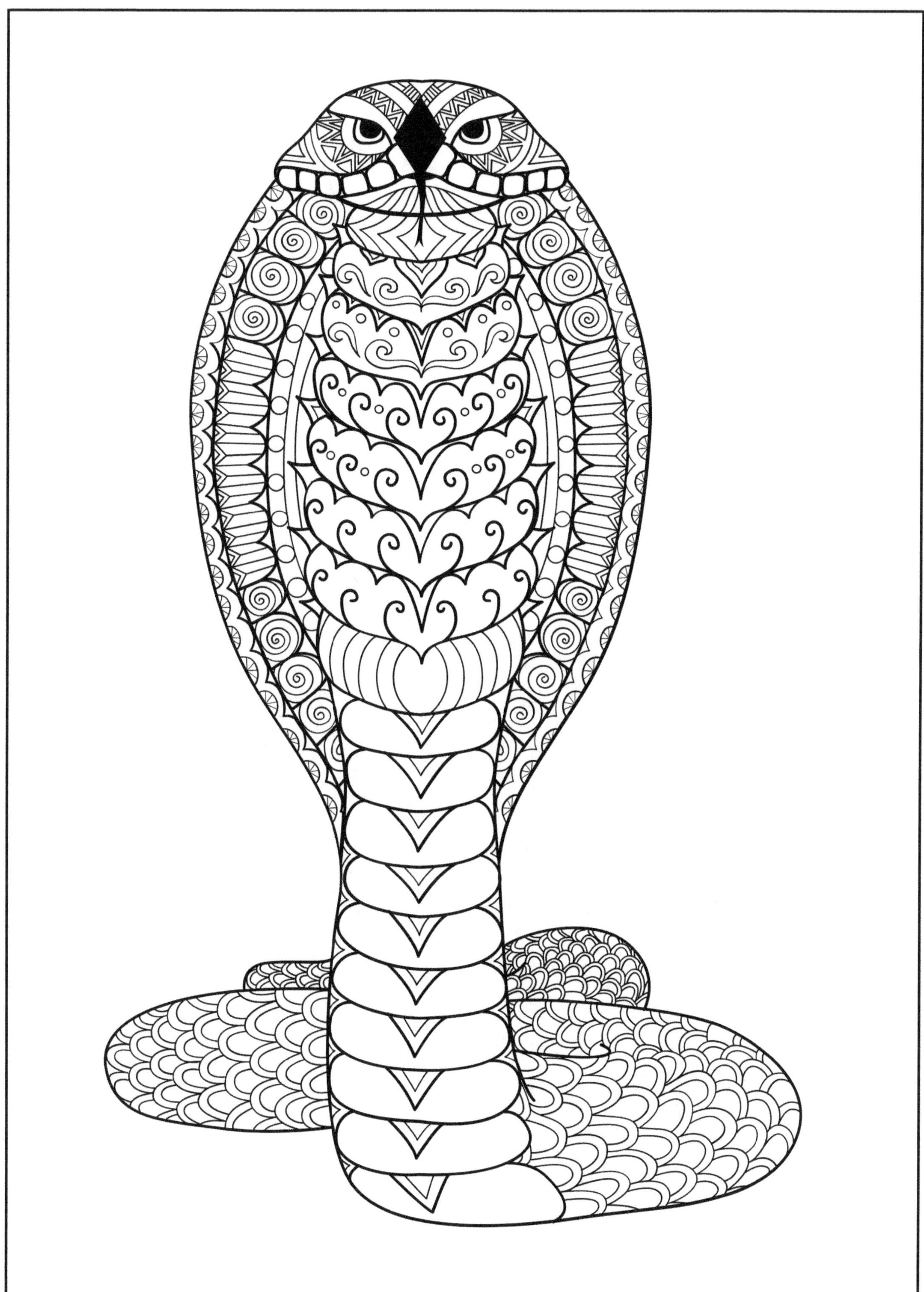

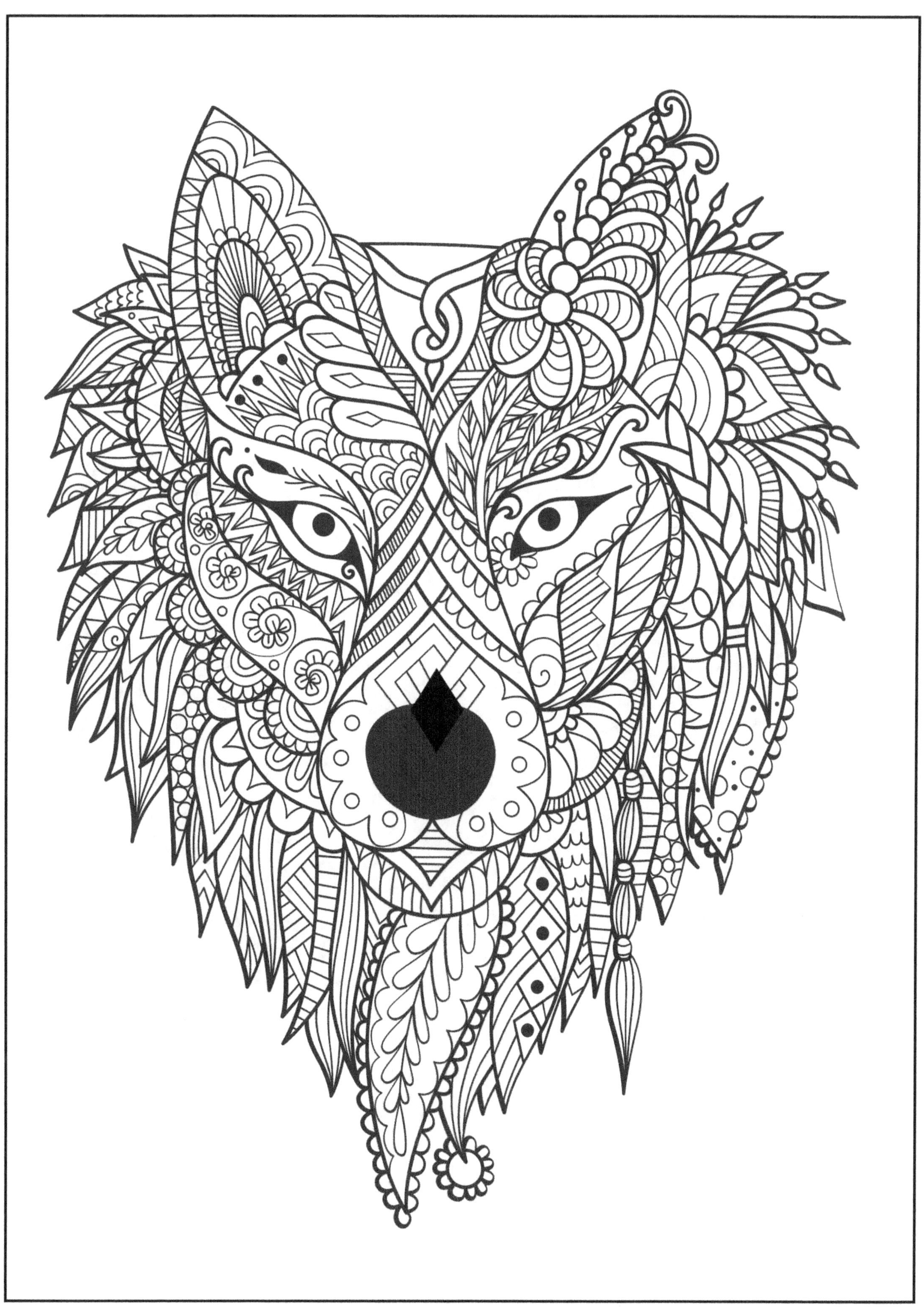

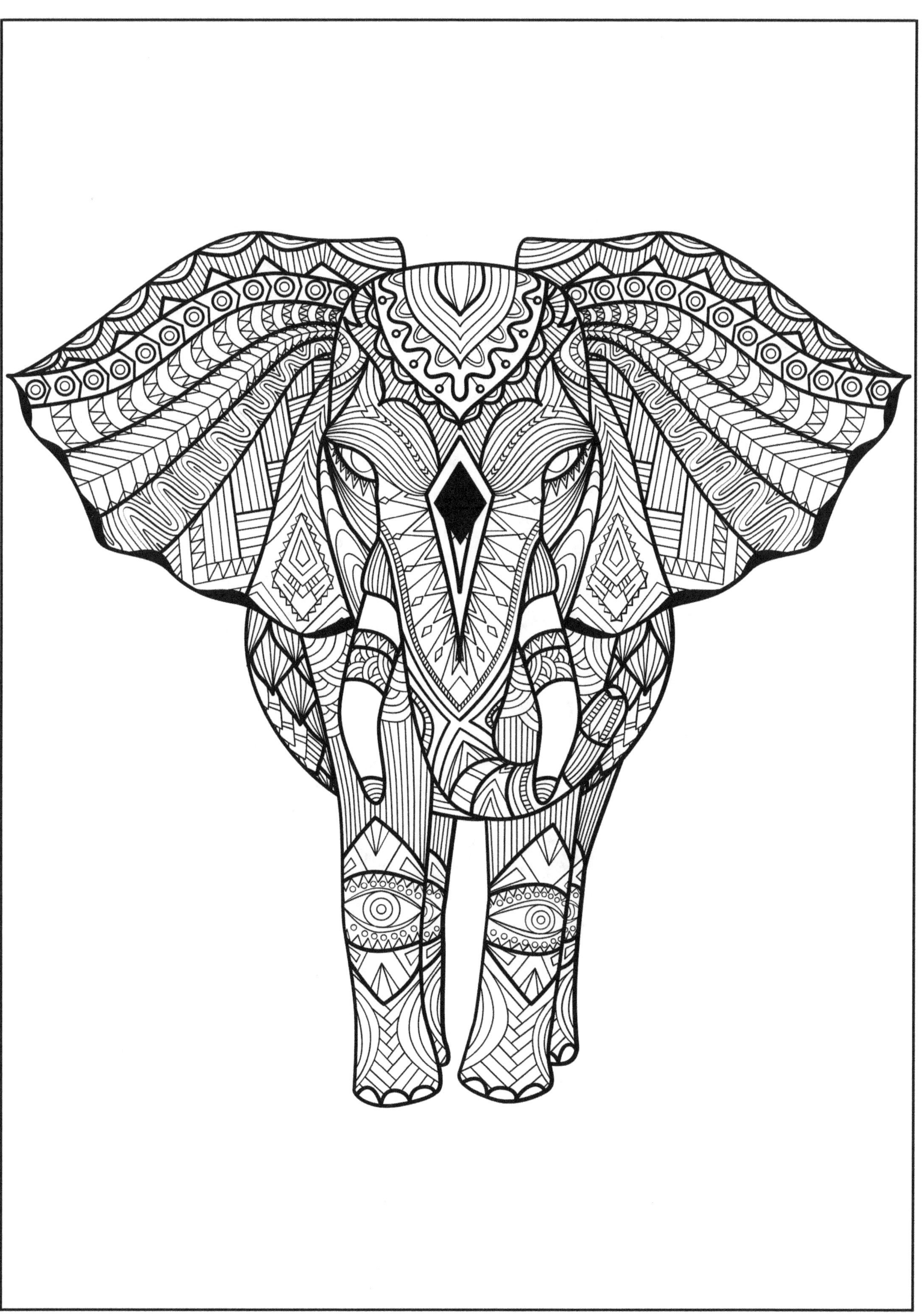

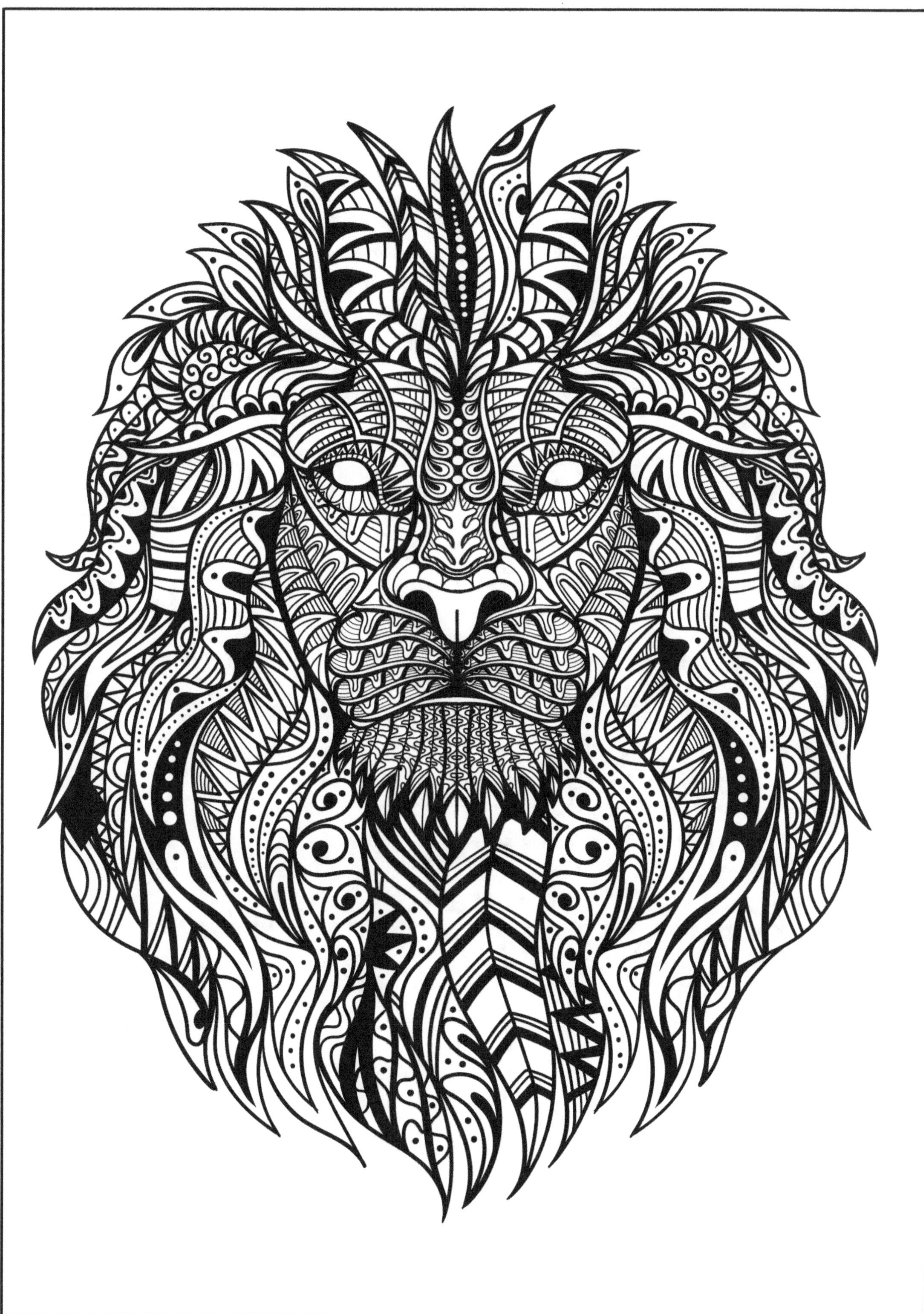

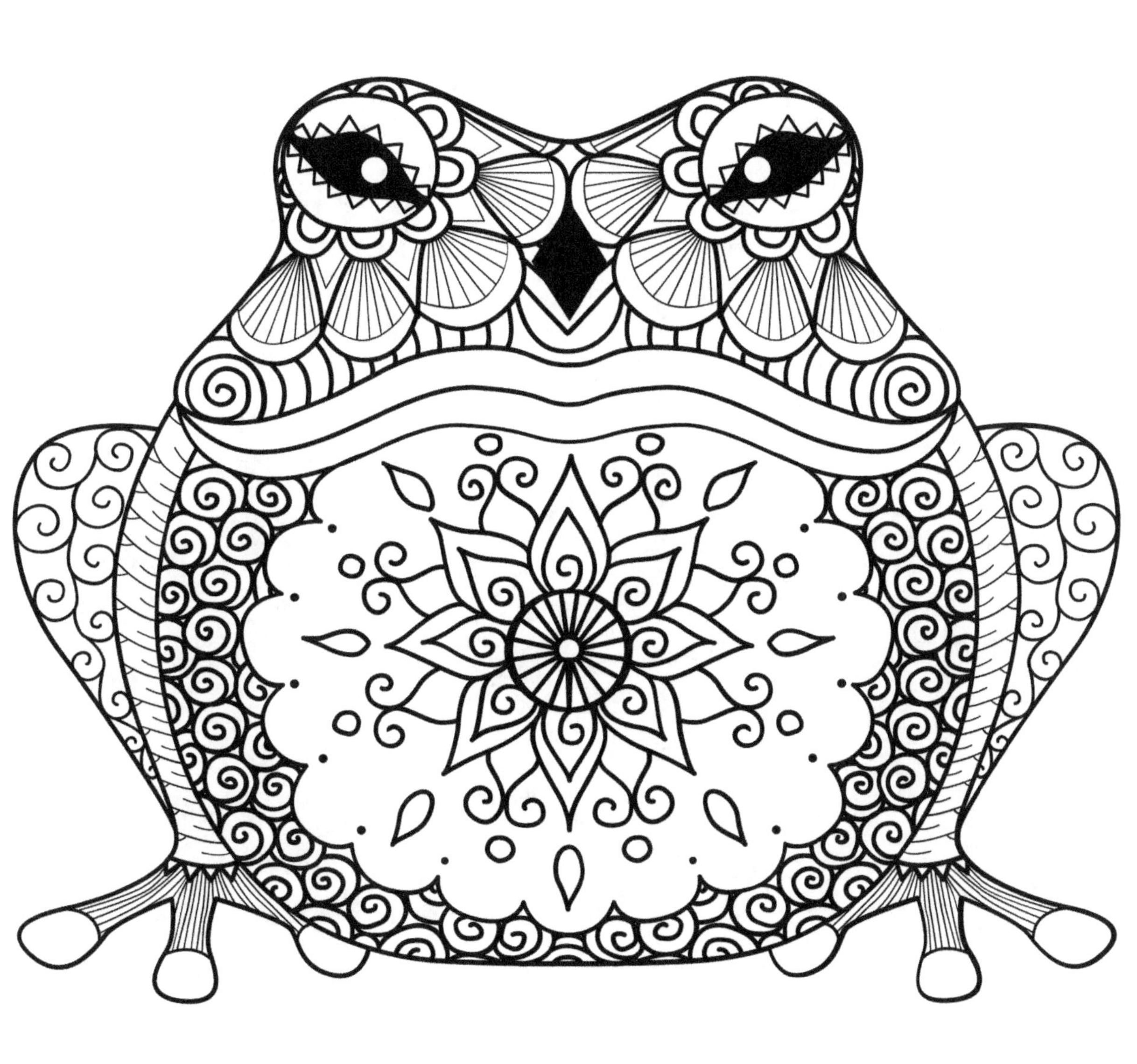

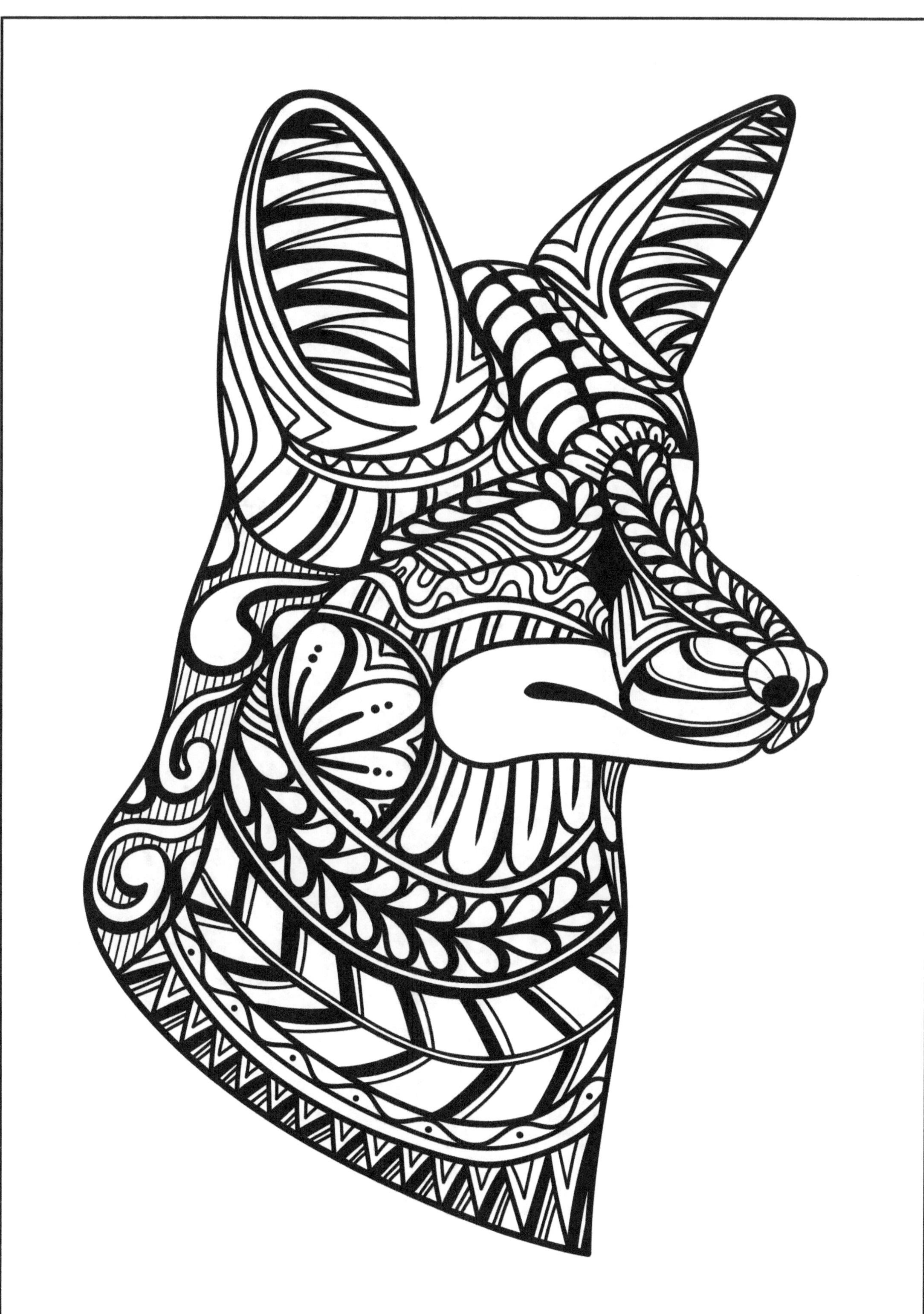

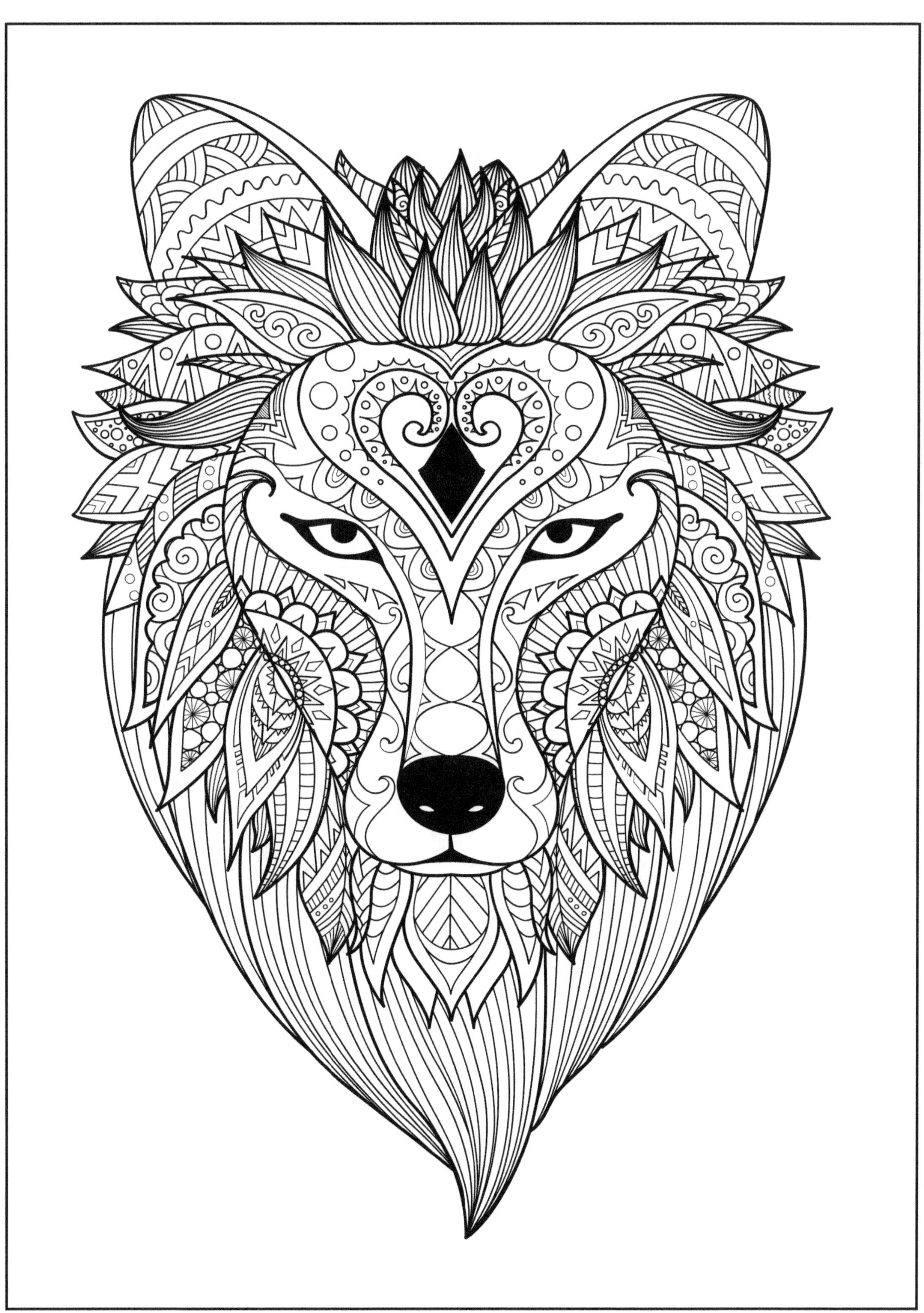

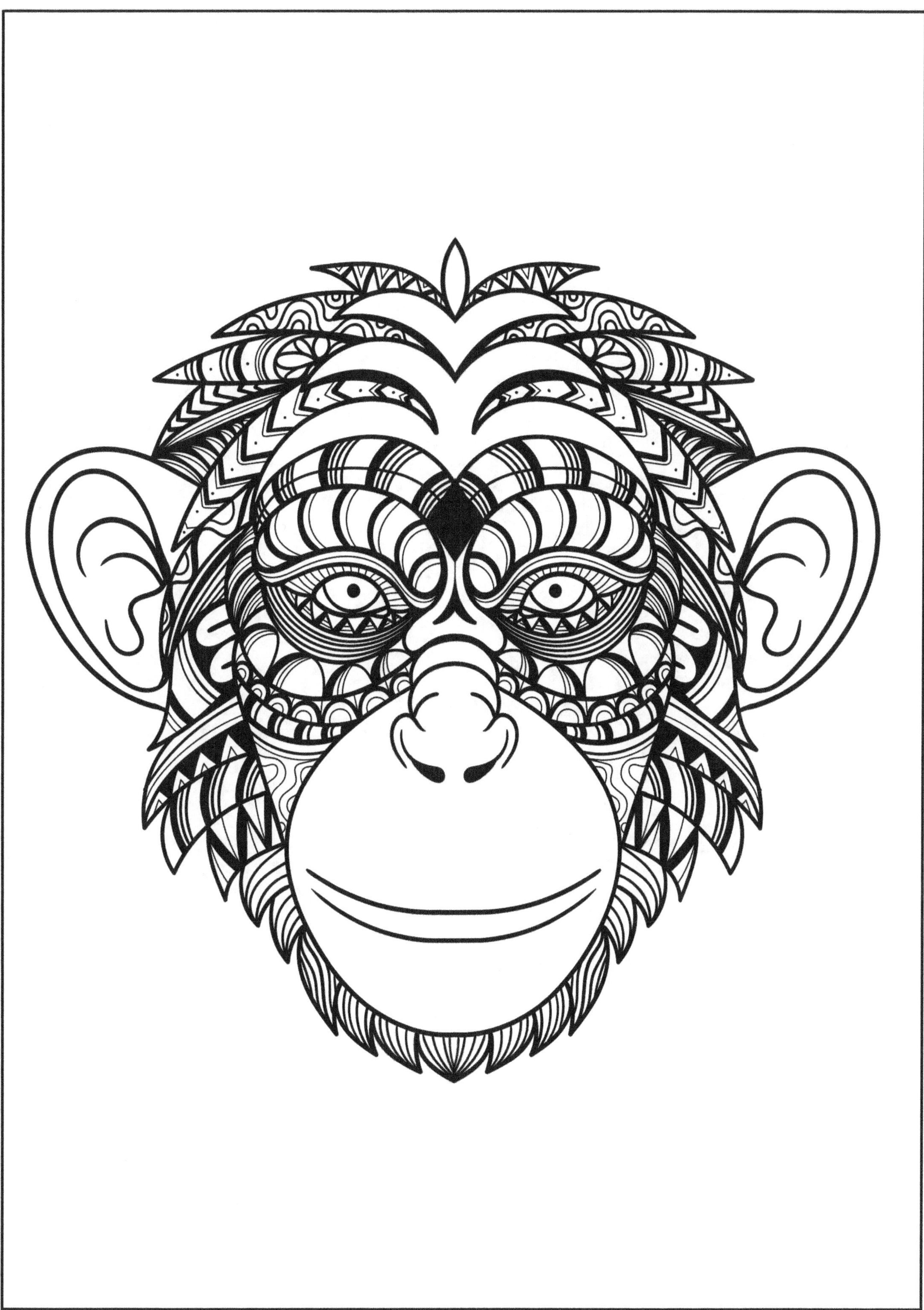

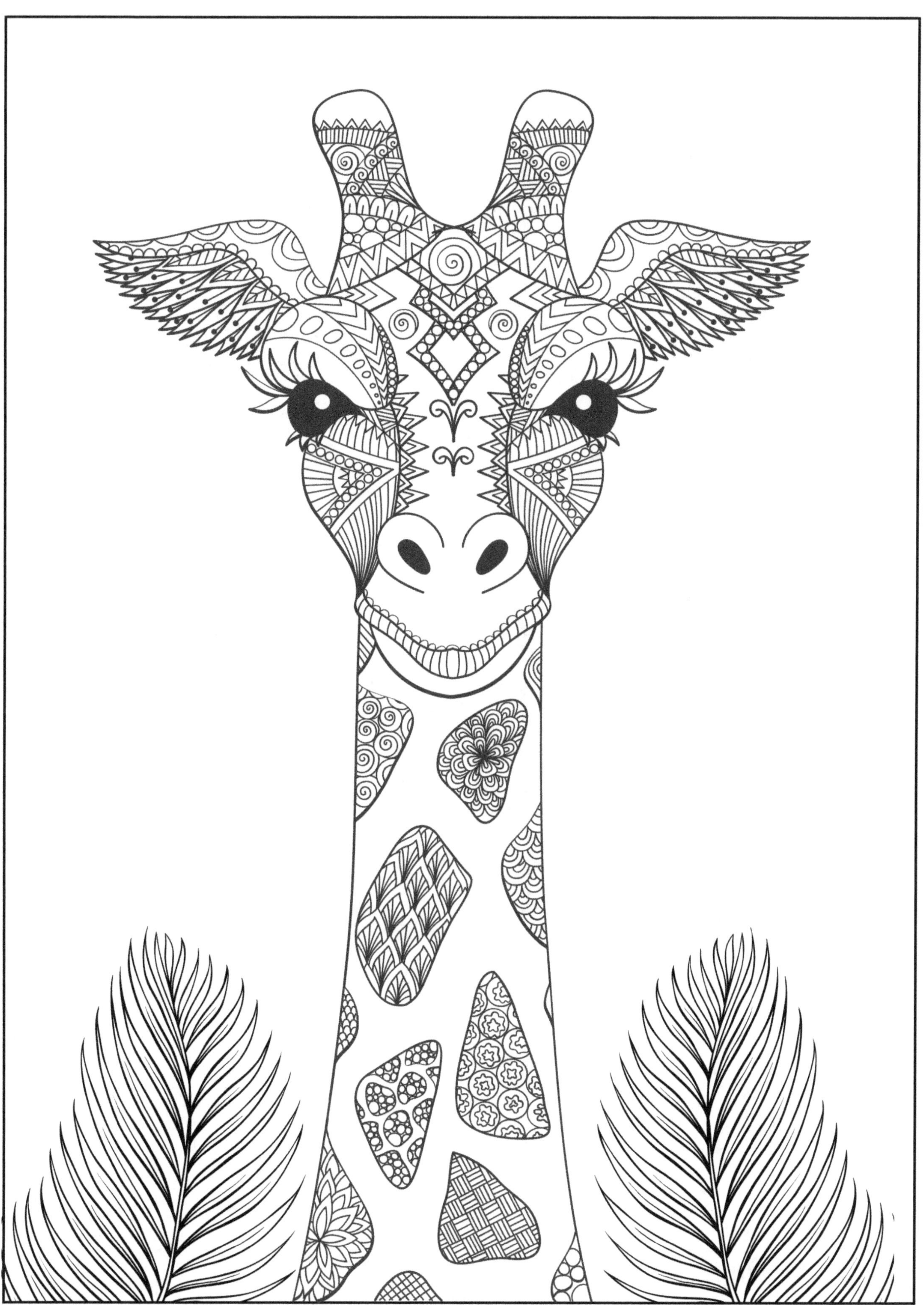

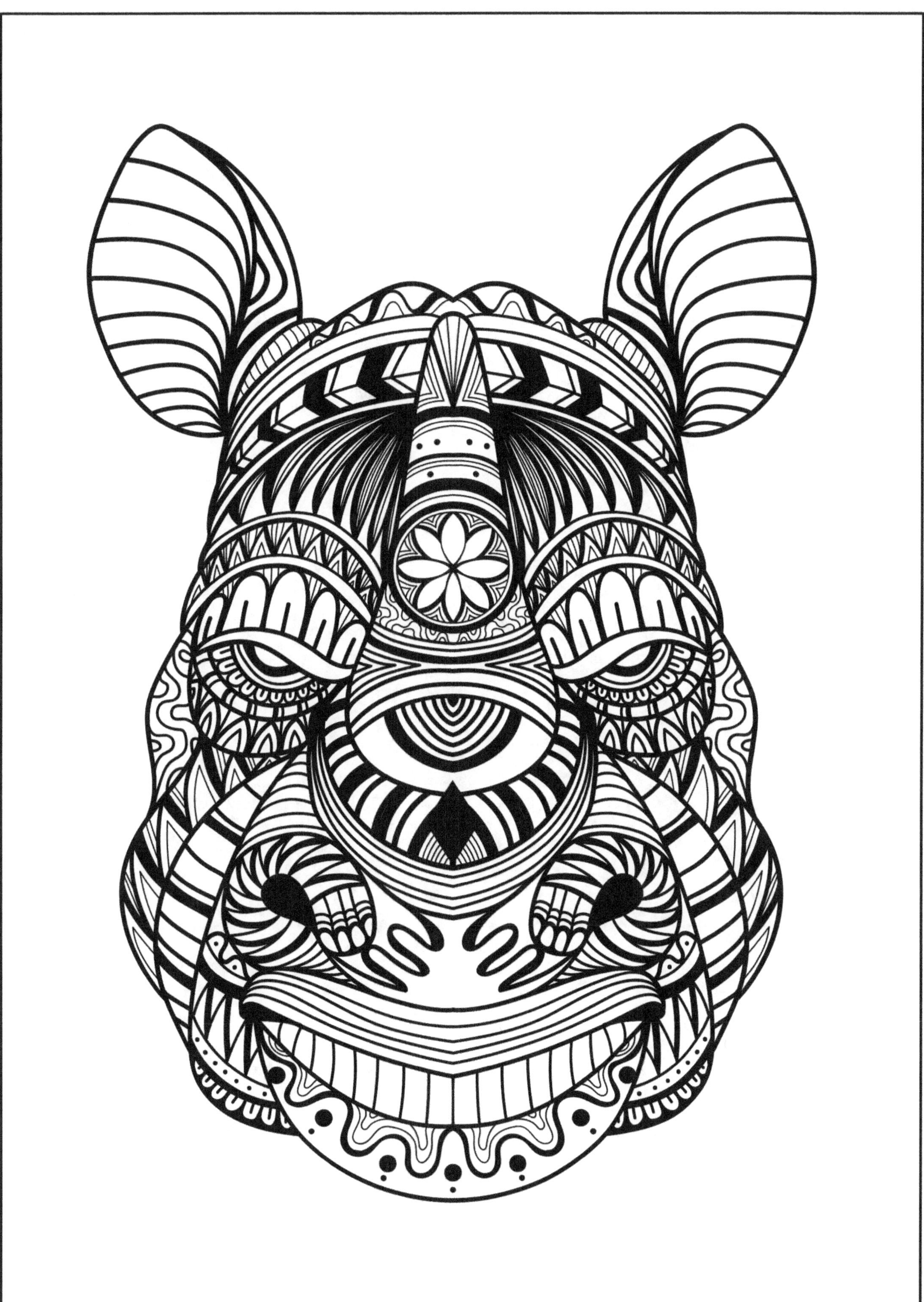

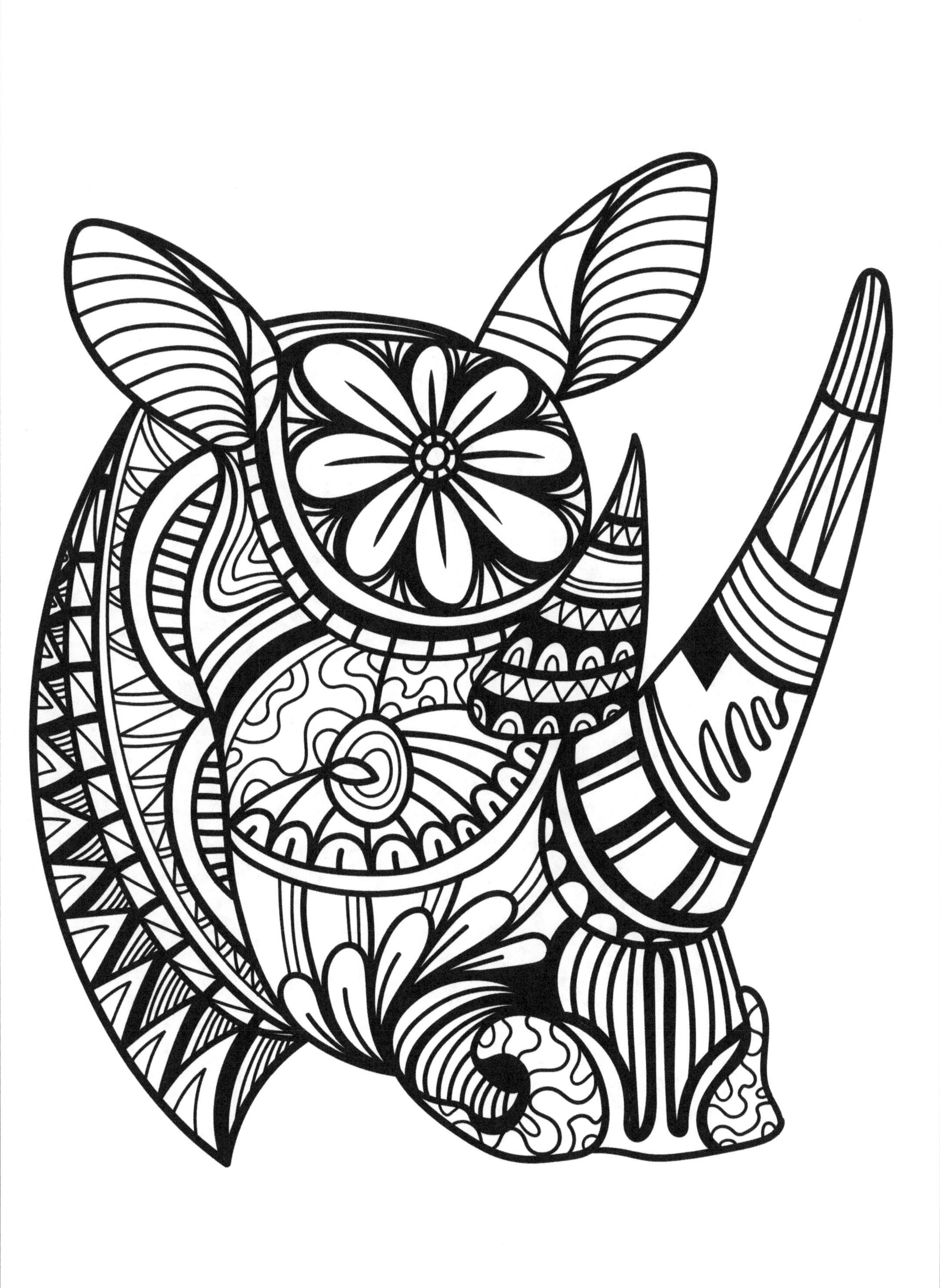

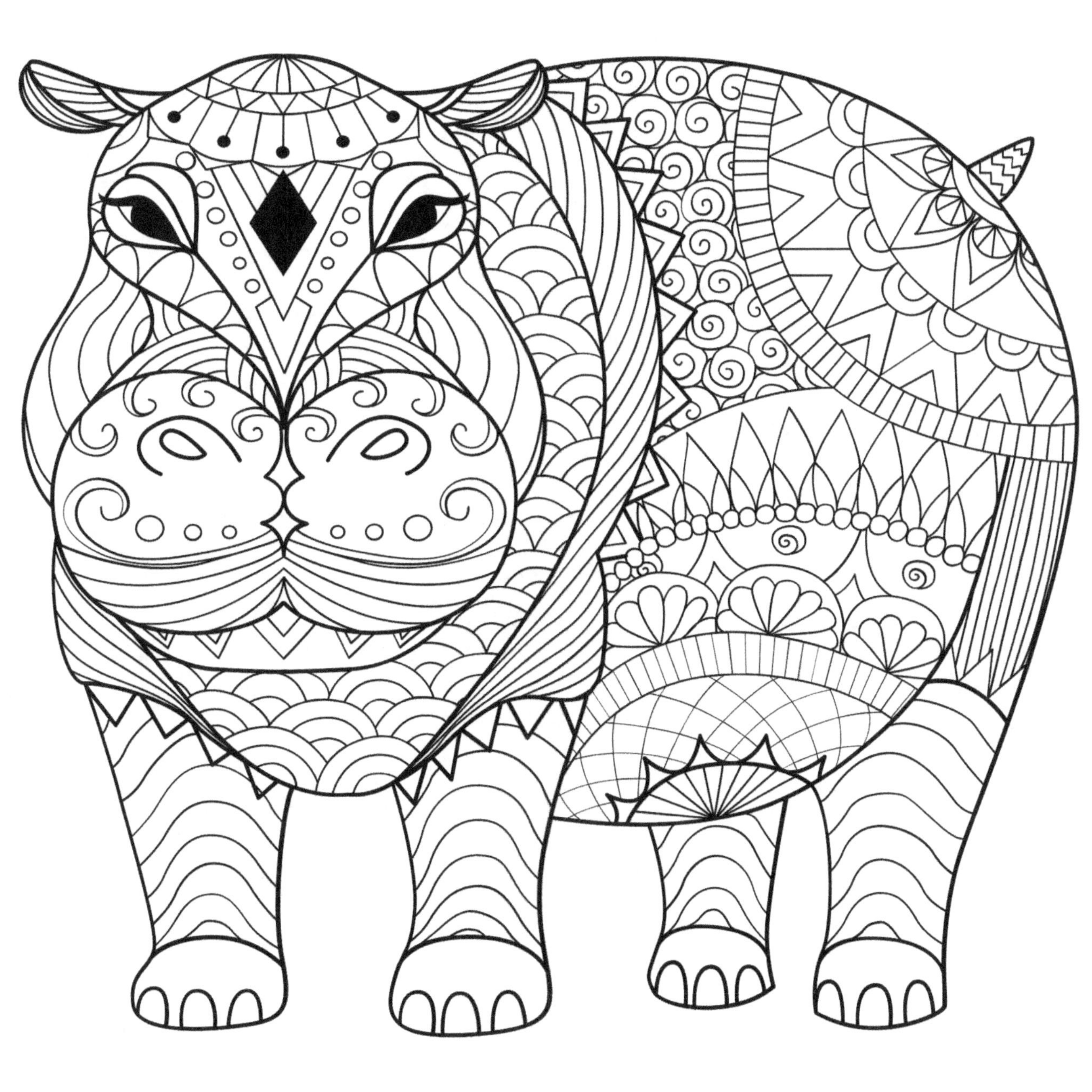

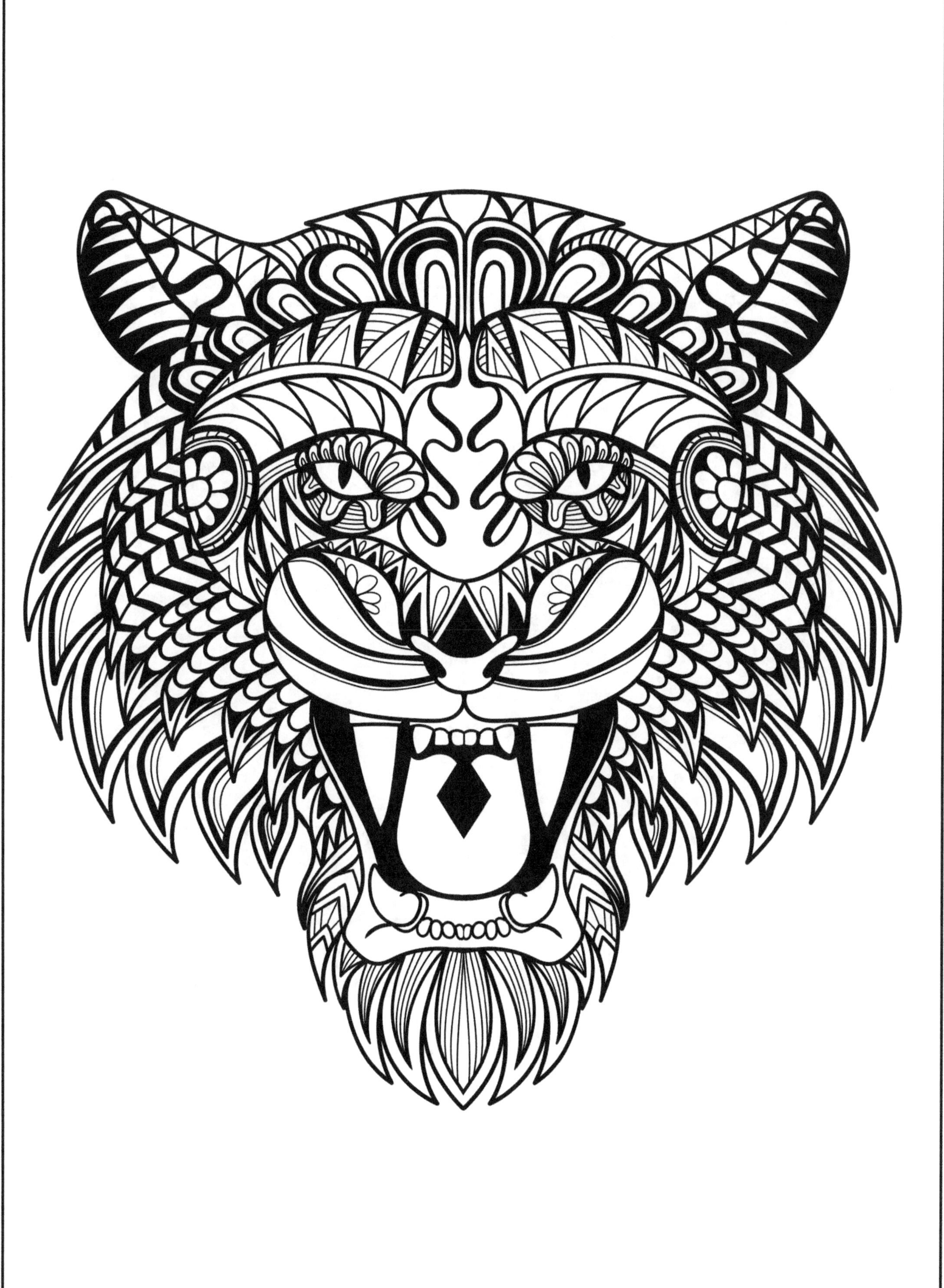

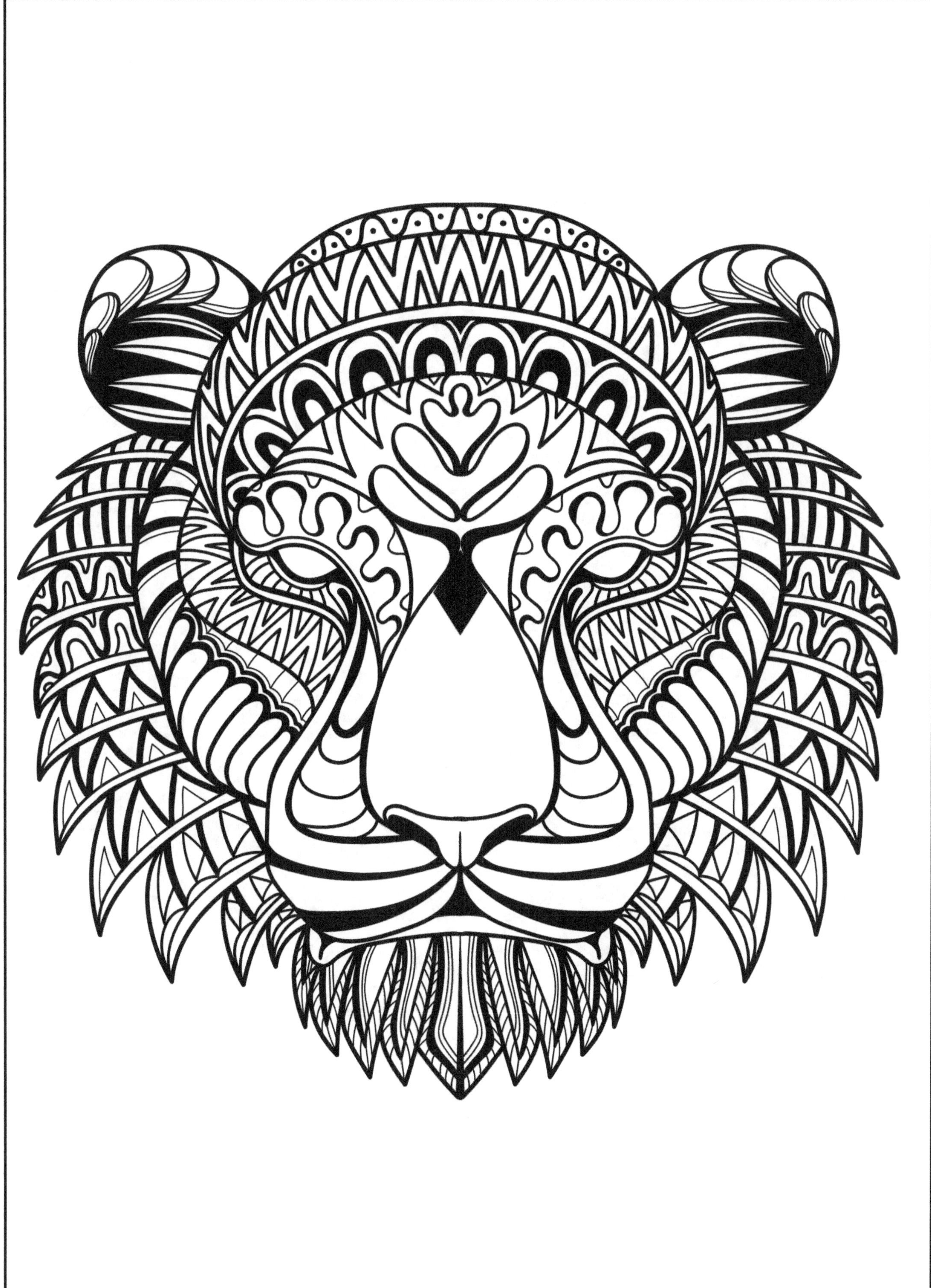

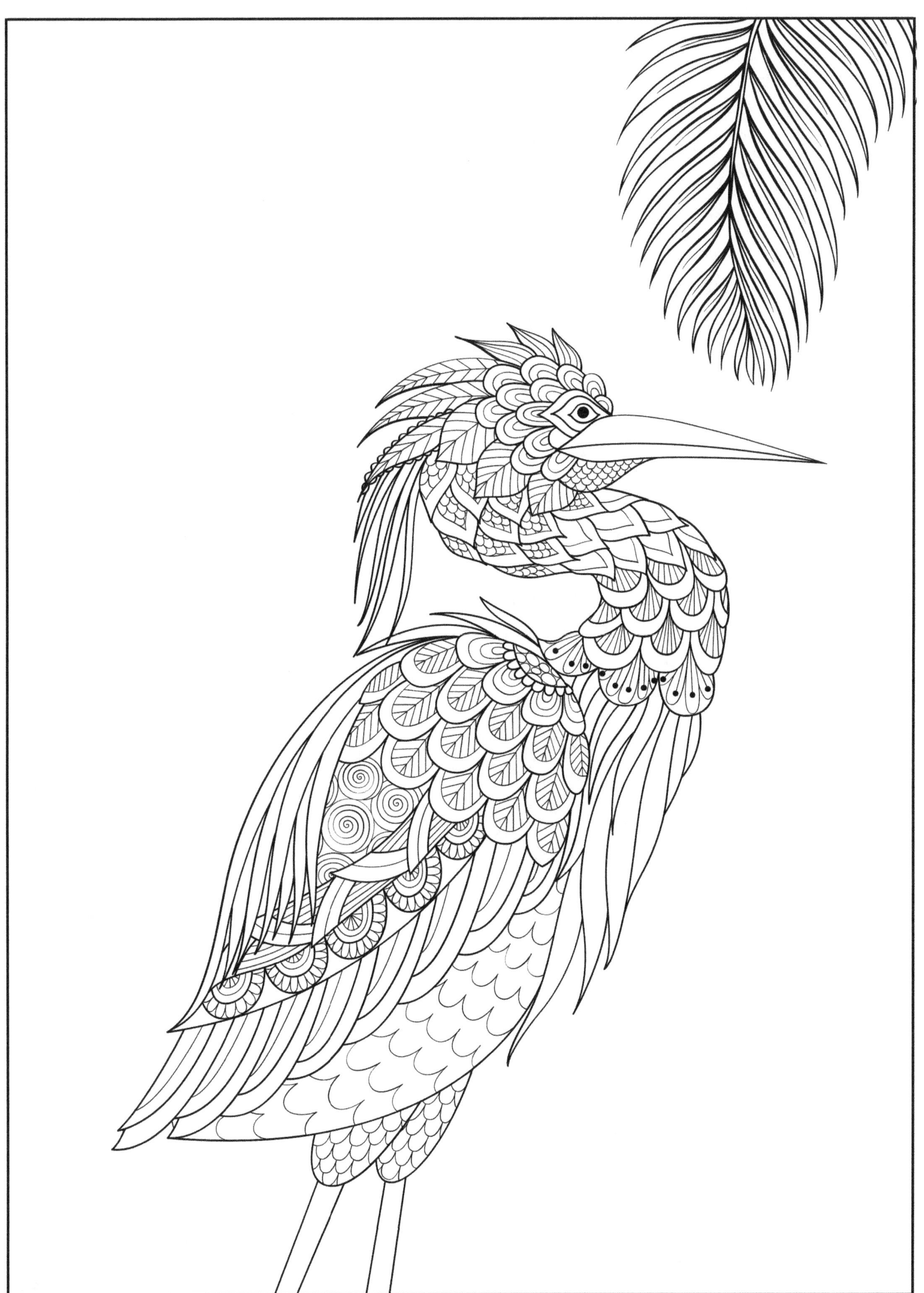

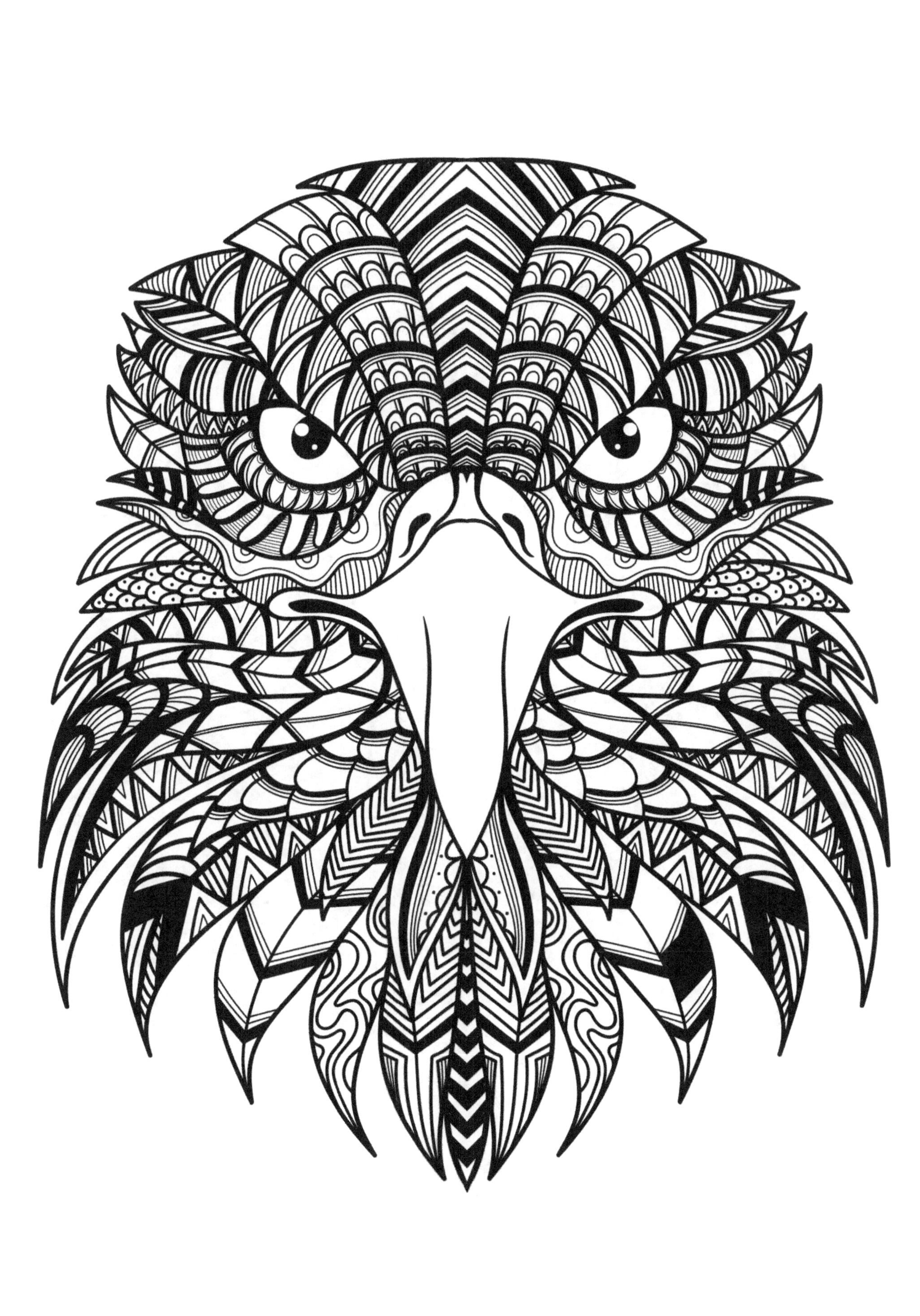

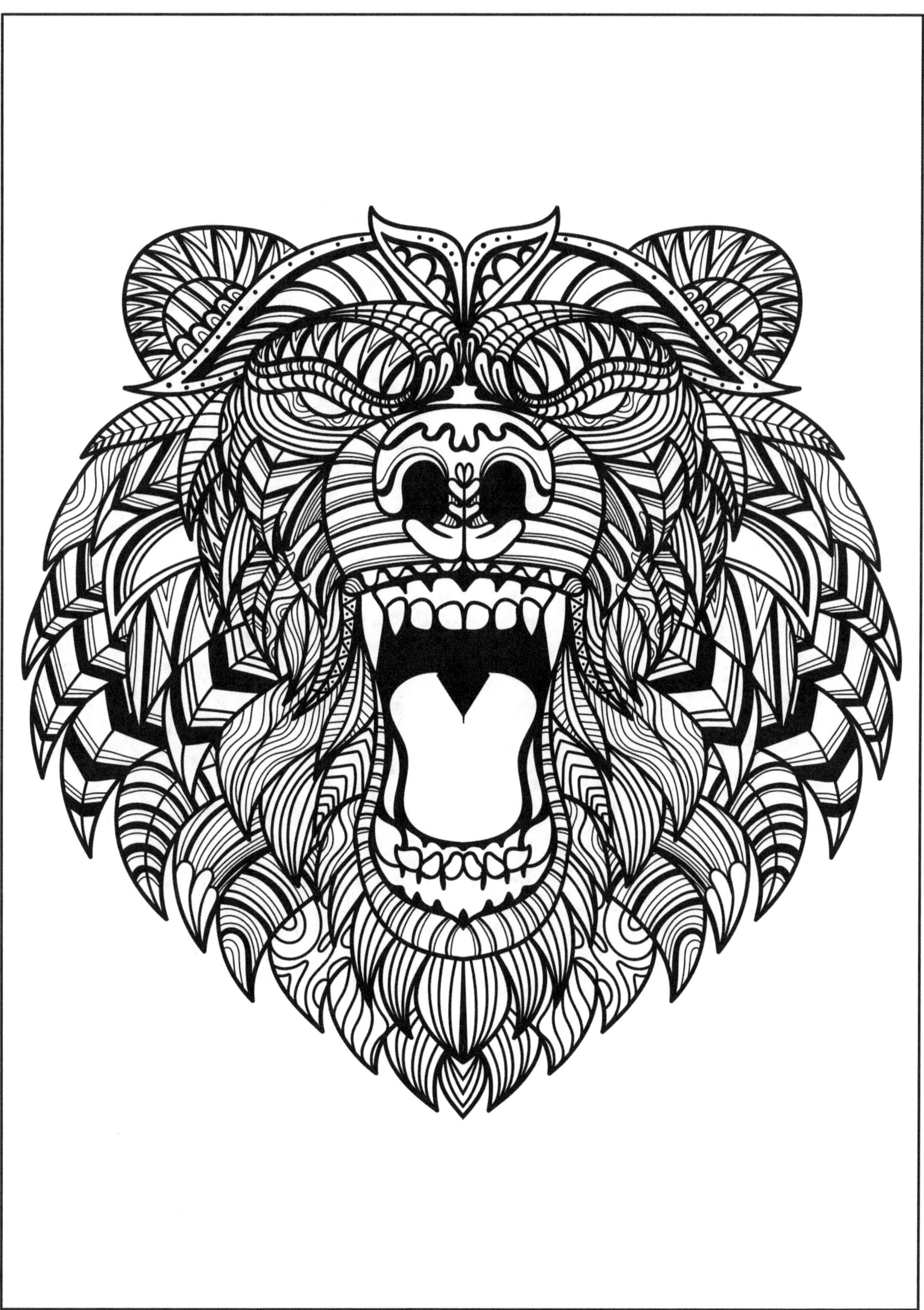

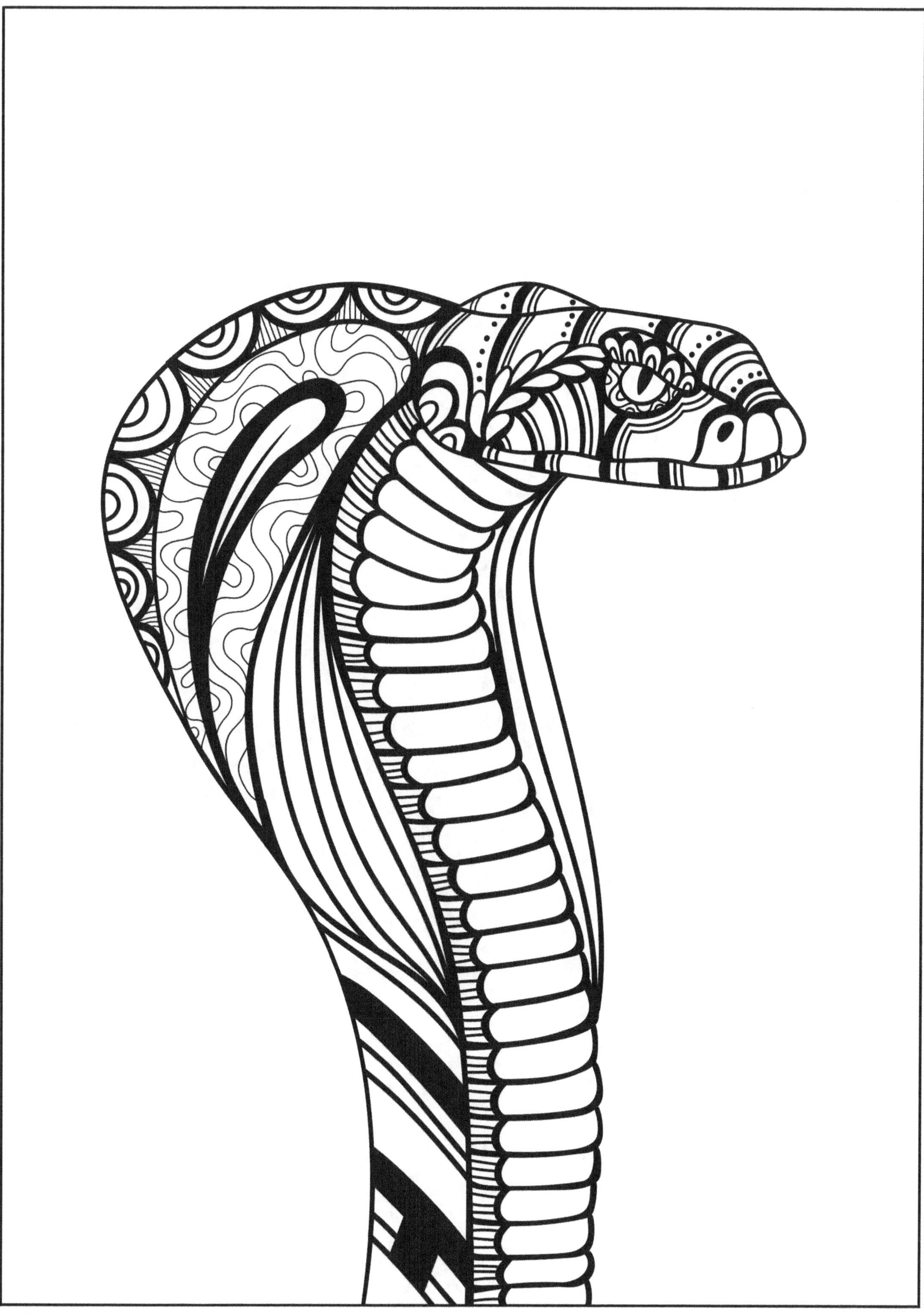

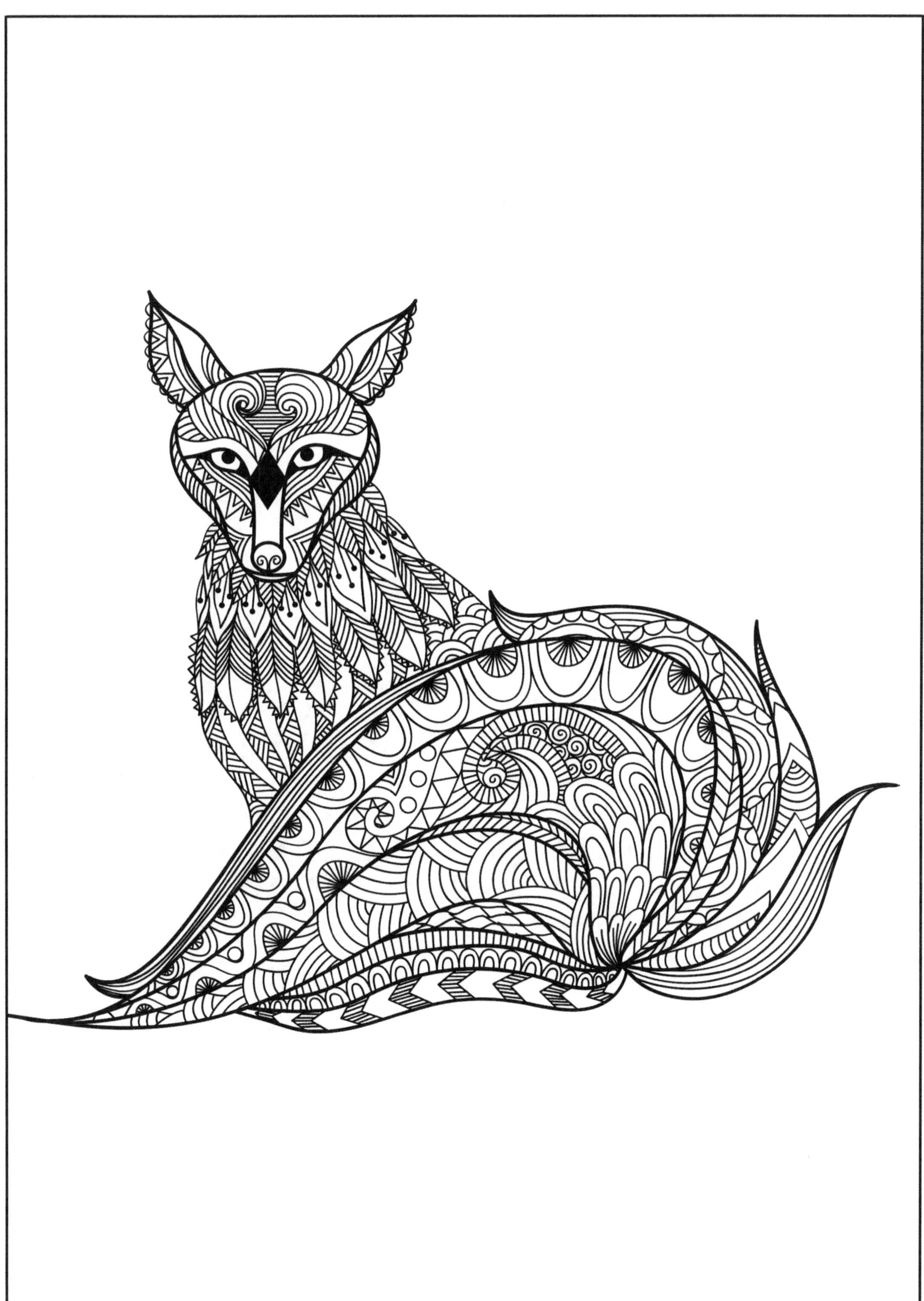

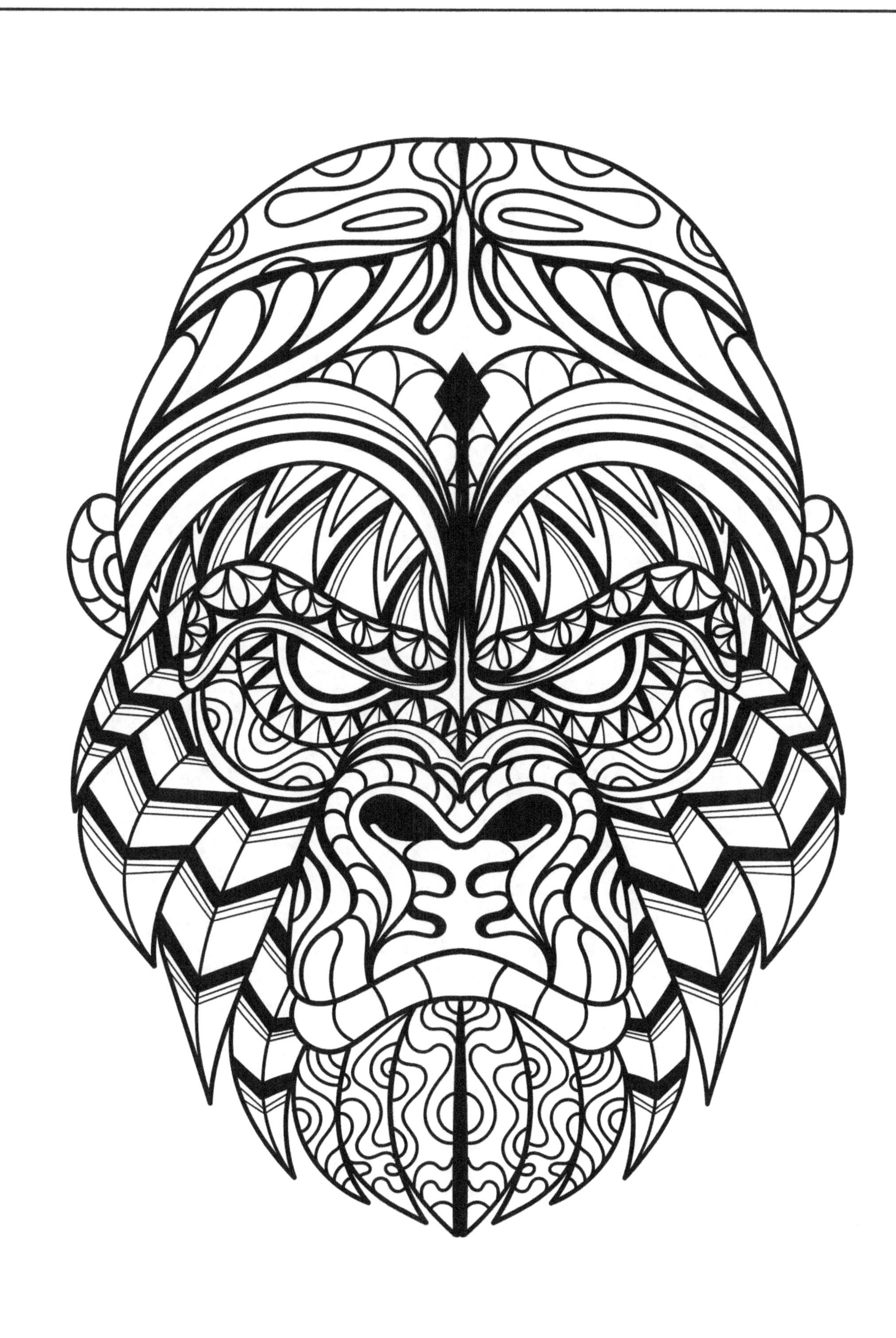

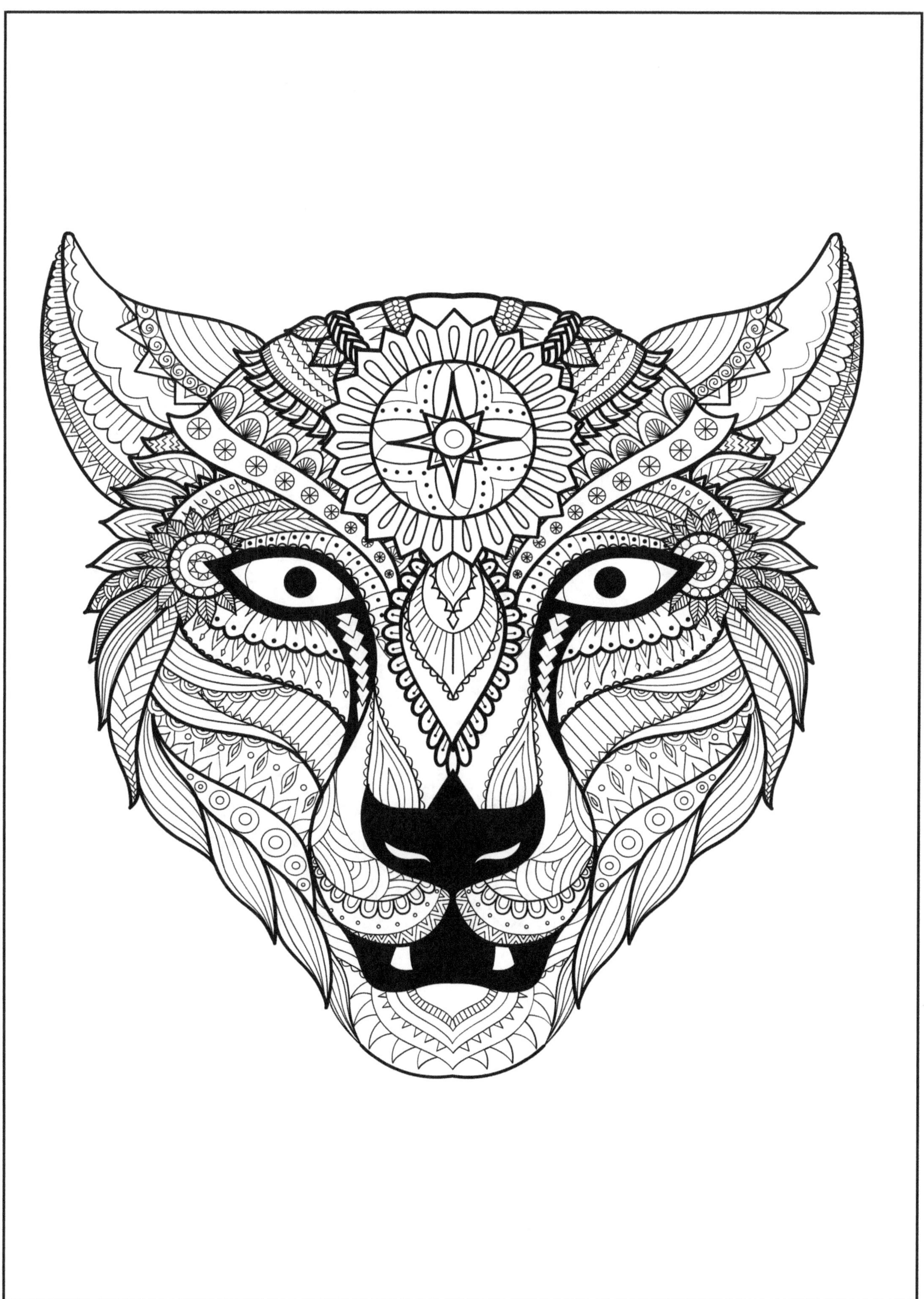

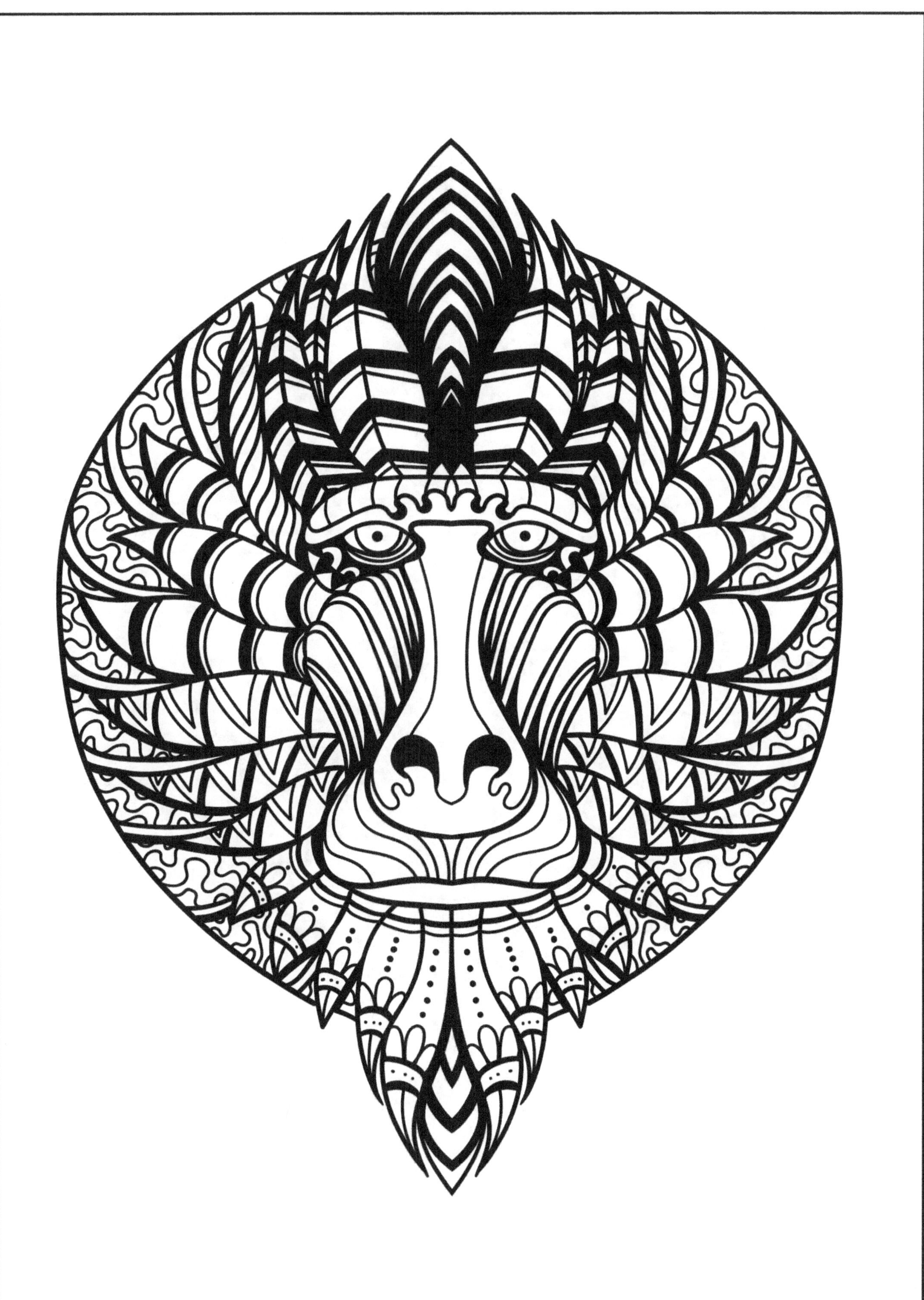

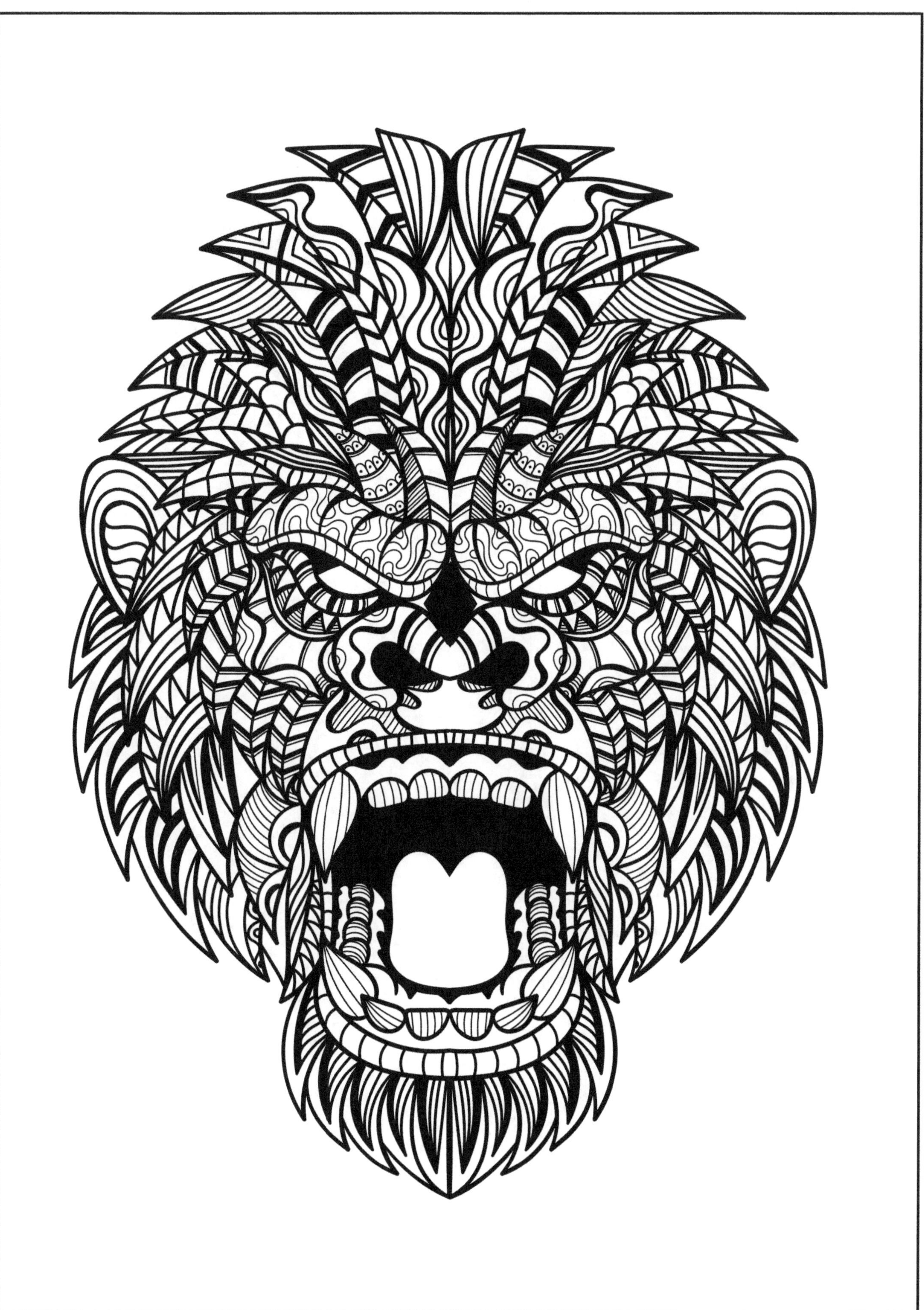

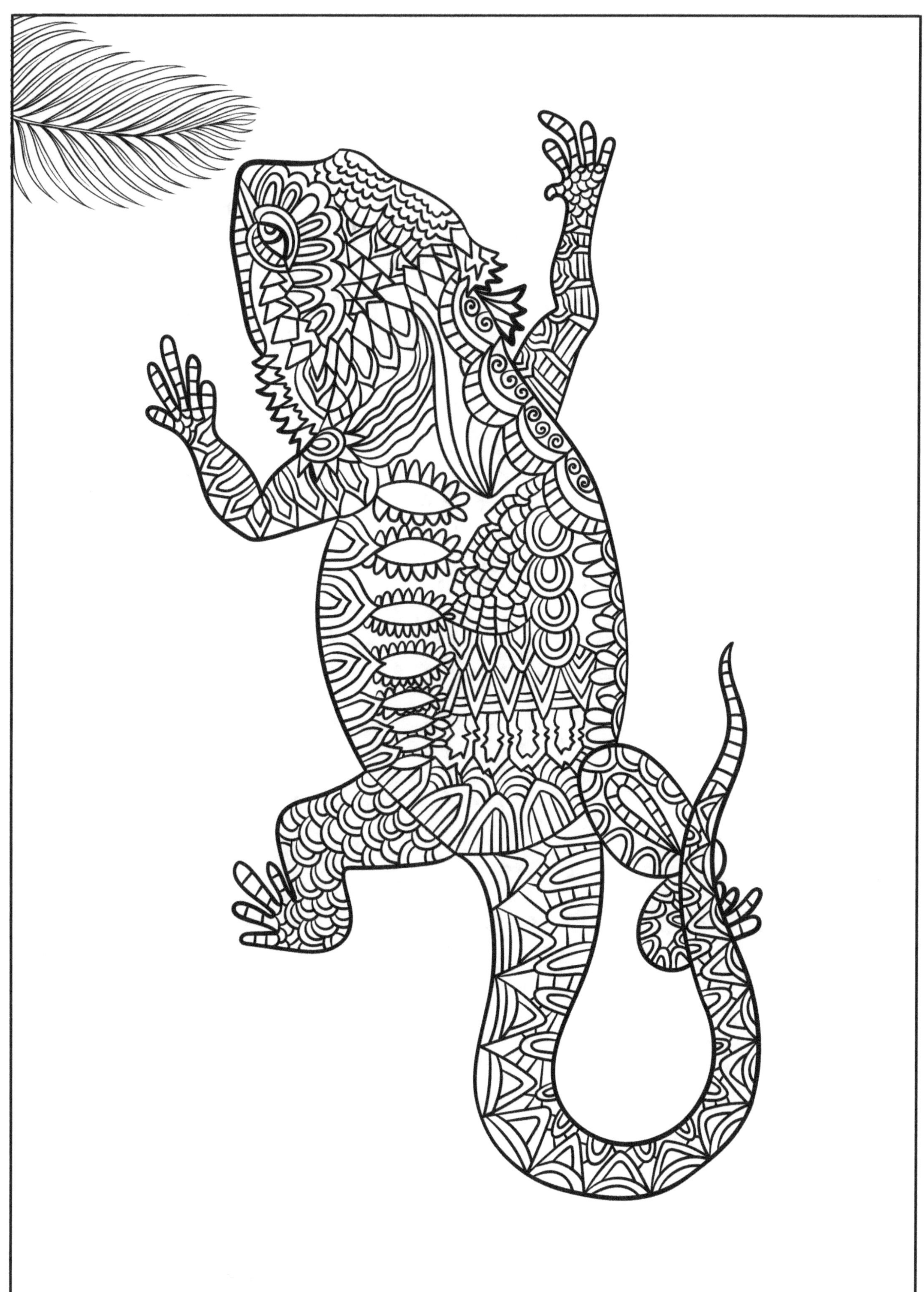

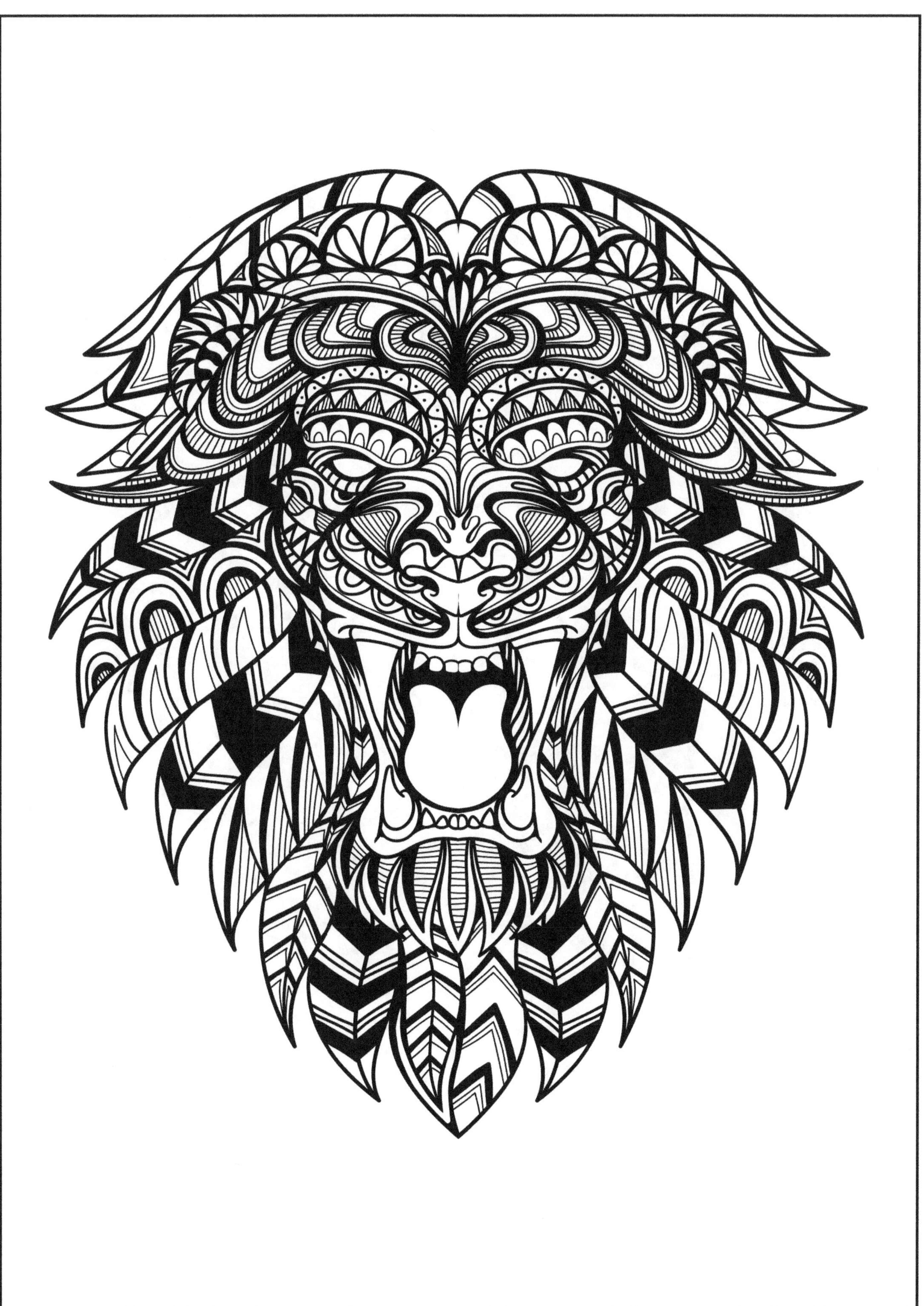

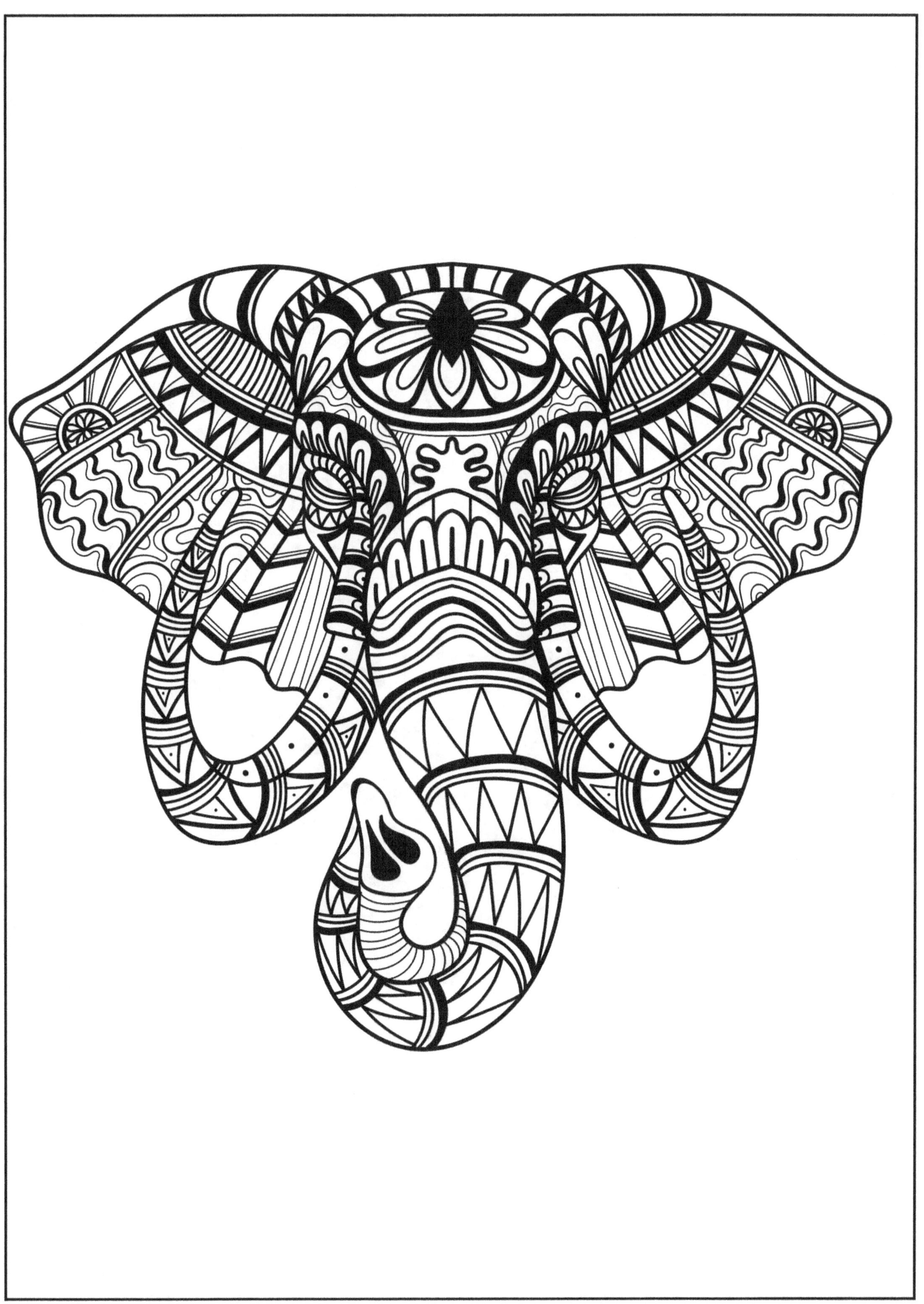